Johann Nikolaus Götz

Vermischte Gedichte

Zweite Auflage, zweiter Band

Johann Nikolaus Götz

Vermischte Gedichte
Zweite Auflage, zweiter Band

ISBN/EAN: 9783743692435

Hergestellt in Europa, USA, Kanada, Australien, Japan

Cover: Foto ©ninafisch / pixelio.de

Weitere Bücher finden Sie auf **www.hansebooks.com**

VERMISCHTE GEDICHTE.

II. THEIL.

DIE HIMMLISCHE UND IRDISCHE VENUS.

Mich ließ Apoll auf des Parnaſſus Höhen
Die himmliſche und ird'ſche Venus ſehen.
Die ein' umgab von Tugenden ein Chor:
Ich ſah bey ihr die ernſte Weisheit ſtehen;
Ihr Finger wies von fern des Glückes Thor.

Die zweyte fang, warf Rofen aus; die
Freuden
Umhüpften fie, vor ihr fprang Cypripor.
Wähl, fprach Apoll, die würdigfte von
Beiden! — —
Gelehrter Gott, verfezt' ich demuthsvoll:
Gebiete nicht, dafs ich fie trennen foll.
Ich wähle mir: du fiehft, ich gehe
ficher,
Die hier für mich, die dort für meine
Bücher.

DIE SCHÖNEN WISSENSCHAFTEN.

(Aus dem Französischen des K. v. Pr. Fr. II.)

Blüht, ihr freundlichen Künste,
Blüht! die goldenen Fluthen
Des Paktólus benetzen
Euch in Zukunft die Wurzeln
Eures heiligen Hains!

Euch gebührt es zu herrschen
Über schwächere Geister,
Und vor euren Altären
Alle Söhne des Irrthums
Kniend opfern zu sehn.

In der Mitternacht hör' ich
Oft den himmlischen Wohllaut
Eures Wettgesangs, höre
Polyhymniens Saiten,
Und Uraniens Lied;

Und zerflieſſe vor Wonne;
Denn ihr ſinget die Thaten
Der unſterblichen Götter,
Unterrichtet die Weiſen
Und Regenten der Welt.

Angenehme Gefühle
Und mein Genius reiſsen
Allgewaltig mich zu euch,
Ketten ewig an euren
Siegeswagen mich an.

DIE EINSAMKEIT AUF DEM LANDE.

Sey gegrüſst, du Sitz der Ruh,
Holde liebenswerthe Wüſte,
Die, ſtieſs mir ein Unmuth zu,
Dieſen Unmuth mir verſüſste.

Hat dein düſteres Geſträuch
Jene Schmerzen oft genähret,
Die man in der Schönheit Reich
Und im Reich der Lieb' erfähret:

O! ſo läſst die Dankbarkeit,
Was du gutes mir erwieſen,
Auch nicht in Vergeſſenheit
Eingeſcharrt und ungeprieſen.

Du beſänftigeſt mein Herz,
Rufſt die Jugendluſt zurücke,
Wandelſt den Verdruſs in Scherz,
Machſt mir den Verluſt zum Glücke.

Sanft

Sanft in deine Nacht verhüllt,
Fang' ich wieder an zu leben;
Hier soll selbst des Übels Bild
Mir nicht mehr vor Augen schweben.

Frey von Vorurtheil und Wahn,
Die uns gern in Fesseln schmieden,
Seh' ichs Stand' und Würden an,
Daſs sie täuschen und ermüden.

Auch der Hof verblendet mich nicht:
Seines Zwanges überhoben,
Weiſs ich hier von keiner Pflicht,
Wen ich hassen muſs, zu loben.

Götterſöhne, welchen nur
Schmeicheleyen wohlgefallen,
Wiſst, man hört auf dieſer Flur
Nur der Wahrheit Stimme schallen.

Bach,

Bach, der du durch Bluhmen dich
Murmelnd aus den Felſenſpalten
Zu mir drängeſt, freundſchaftlich
Dich mit mir zu unterhalten!

Du verjagſt aus meiner Bruſt
Alle Sucht nach Rang und Ehre.
Mehr als königliche Luſt
Fühl' ich, wann ich nichts begehre.

Ich begehre keine Freuden,
Die nicht jeder fodern kann;
Meine Wünſche ſind beſcheiden,
Und der Weisheit unterthan.

Glänzt, mit Saaten überzogen,
Durch die Morgenſonn' erhellt,
Hier von kleinen Regenbogen
Ein bethautes Ackerfeld;

Klimmt ein weißer Trupp von Schafen
Langsam dort vom Berg' herab,
Seinen Mittagsschlaf zu schlafen
Um Palämons Hirtenstab;

Tönen Feldschalmey'n und Lieder
Von des Dorfes Margaris
In dem Buchenwäldchen wieder:
Lauter Götterlust ist dieß!

Aber ach! die leichten Stunden
Übereilen ihren Schritt,
Nehmen Flügel, sind verschwunden;
Jede Lust verschwindet mit,

Meines Hauptes Liljen blühen
Hier und da: bald kömmt der Tod,
Jenen Rathschluß zu vollziehen,
Den ihm die Natur gebot.

O du Flur nach meinem Herzen,
Trift, die mir das Leben gab,
Lebe wohl! nicht ohne Schmerzen
Steig' ich zum Kocyt hinab.

Musen, mir so sehr ergeben,
Bald muſs ich von hinnen gehn.
Schöne Bäum', ihr saht mich leben,
Bald sollt ihr mich sterben sehn.

Deckt indeſs mit milden Schatten
Liebreich euren guten Wirth,
Bis er dort auf Lethens Matten
In Zypressenhainen irrt.

Aber siehe-da! Laurette,
Meine Hirtinn lauschet hier,
Hüpft mit einer Bluhmenkette
Schalkhaft lächelnd her zu mir;

Bindet

Bindet mich, nimmt mich gefangen,
Schmiegt an meinen Busen sich,
Küsst mich, klopft mir sanft die Wangen,
Spricht: „Mein Trauter, höre mich!

„Diese Nacht, die, frey von Leide,
„Zevs uns noch vergönnet hat,
„Schwatze mir von Lieb' und Freude."
Wohl! diess ist der Weisheit Rath.

DER DICHTER UND AMOR.

DER DICHTER.

Amor, nein! ich liebe nicht.
Wer in deinen schweren Banden
So viel Marter ausgestanden,
Ruht nicht, bis er sie zerbricht.

AMOR.

Wie? du thust auf mich Verzicht?
Sieh, die schöne Dirce winket.

DER DICHTER.

Dirce? die sich immer schminket?
Amor, nein! ich liebe nicht.

AMOR.

Chloen doch? die dein Gedicht
Zärtlich singt und lieblich spielet?

DER DICHTER.

Sie? die nur nach Buhlern schielet?
Amor, nein! ich liebe nicht.

AMOR.

Amor.
Iris hat, wie Fama spricht,
Noch für keinen Mann geglühet.

Der Dichter.
Iris Reize sind verblühet.
Amor, nein! ich liebe nicht.

Amor.
Schau Musarions Gesicht.
Welche Schönheit! welche Jugend!

Der Dichter.
Schönheit ohne Zucht und Tugend?
Amor, nein! ich liebe nicht.

Amor.
Bertha, der kein Gold gebricht,
Liefse sich für dich erbitten.

Der Dichter.
Reichthum ohne Witz und Sitten?
Amor, nein! ich liebe nicht.

Amor.

AMOR.

Würde dieses Landes Licht,
Daphne selbst dir angetragen,
Spröder, würdest du noch sagen,
Amor, nein! ich liebe nicht?

DER DICHTER.

Daphnen lieben wäre Pflicht,
Daphnens Bande würd' ich tragen;
Doch von andern muſs ich sagen:
Amor, nein! ich liebe nicht.

AN DIE CIKADE.

(Des Sarbiewski Siebzehnte Ode des vierten Buchs.)

—ᴗ—ᴗᴗ— —ᴗᴗ—ᴗᴗ
—ᴗ—ᴗᴗ— —ᴗᴗ—ᴗᴗ
 —ᴗ—ᴗᴗ—ᴗ
  —ᴗ—ᴗᴗ—ᴗᴗ

Die du auf des Jasmins oberſten Locke dich
Sorglos wiegeſt, und, von Thränen der Nacht berauſcht,
 Dich mit Liedern, Cikade,
  Und den horchenden Hain vergnügſt!

Da der Wagen des Jahrs ſich nach den zögernden
Winternächten anizt ſchneller vom Himmel ſtürzt:
 So empfang mit Gekeife
  Die zu flüchtige Sommerzeit.

Wie

Wie der glücklichste Tag leise geschlichen
kömmt,
So verschwindet er auch wiederum. Lang
genug
Weilet niemahls die Wollust,
Allzeit aber zu lang der Schmerz.

DER WAHRE REICHTHUM.
(Des Sarbiewsky sechste Ode des dritten Buchs.)

Niemahls hab' ich des Glücks Spielen zu
viel getraut;
Niemahls mit dem Geschick mich mit
gebotner Hand
Auszusöhnen bemüht, daß es inskünftige
Meine Ruhe nicht stören soll.

Was es morgen beschert, lüst' ich zu
wissen nicht.
Gnug, ich erbe mich selbst. Außer mir
liegen sie,
Die Geschenke von ihm. Nehm' es sie
wieder hin!
Eines Zwanges bedarf es nicht.

Niemahls hielt ich für mein, was ich
    verlieren kann.
Ärmer werd' ich auch nicht, bleib' ich
    der Meinige
Ganz: ein Weiser, ein Fürst, der von
    dem Seinigen
Sichre Renten zu ziehen weiss.

Das vortreflichste Theil meines Gemüthes
    liegt
Tief im Busen versteckt: reicher, als
    Indien,
Das der beste Pilot zweymahl in Jahresfrist,
    Höchstens dreymahl besuchen kann.

Täglich steig' ich hinein, Fremdling und
    Gast zugleich:
Nicht um Helfenbein, nicht, Perlen,
    Gewürz und Gold
Einzukaufen. Es ist eigener Güter reich,
    Wenn es sie zu erkennen weiss.

EIN TRAUM.

Ich schlief, berauscht vom Bacchus,
In einer Geißblattlaube,
Da dünkte michs im Traume,
Ich sey ein Gott geworden,
Und stünde mit den Sohlen
Auf einem Regenbogen,
Und trüg' ein goldnes Zepter,
Und meine Schläfe wären
Mit goldnen Sonnenstrahlen,
Gleich einer Kron', umwunden,
Und unter meinen Füßen
Säh' ich den fernen Erdball
Als einen kleinen Pfirsich,
Nicht größer und nicht kleiner.
Da fühlt' ich einen Schwindel,
Und fiel mit gleichen Füßen
Auf eine helle Wiese.
Hier stand von weißem Marmor
Die Bildsäul' einer Hirtinn,

Die himmlischfreundlich lächelnd
Jasmin und Rosen streute,
Und, luftig aufgeschürzet,
Tanzt' oder tanzen wollte.
Ich küßt' ihr Stirn' und Busen,
Die unter meinen Küssen
Urplötzlich sich erwärmten.
Sie sprach, und ich erstaunte:
Du bist im Reich der Freude.
Ich, die hier unempfindlich
Bey jungen Schäfern lebte,
Nur Liebe gab, nicht annahm,
Ward eine kalte Säule.
Doch, seit du mich entzaubert,
Fühl' ichs, ich werde lieben,
Werd' einen Schäfer wählen. —
Ich will dein Schäfer werden!
So rief ich, und erwachte.
Und seht, als ich erwachte,
War ich es schon geworden.

AN DIE VÖGEL.

Ihr Vögel, ists Aurorens Strahl,
Der euch erweckete zu fingen? —
Er ift es nicht. Aurorens Strahl
Kann diefe Buchen nicht durchdringen.
Die Lieb' erwecket euch allein.
Gern will ich diefe Lieb' euch gönnen.
O! möcht' auch ich von ihr gewecket
    feyn!
Doch ach! wie follte die mich Armen
    wecken können,
Die mich, feitdem der Weft in junge
    Rofen blies,
Nie fchlafen liefs!

ÄGLE

ÄGLE UND PHILINT.

ÄGLE.

Wie lange willst du dich betrüben?
Vergissest du, was ich für Liebe zu dir
trug?
Du wärest meine Lust auch noch bey Kohl
und Rüben,
Mein Stolz im Kittel und beym Pflug,
Lieb' ich dich, Freund, denn nicht ge-
nug?

PHILINT.

Mein Herz, o Freundin, sagt, du kön-
nest stärker lieben.
Du liebst mich nicht genug. —
Zu Tode werd' ich mich betrüben.

DAS LÄCHELN DER MYRTIS,

Sie hat so gut, als jemand, einen Busen
Von reinerm Schnee, als Zevs je fallen
ließ;
Ihr Antlitz ist der Reize Paradies,
Und wenn sie spricht, so spricht sie wie
die Musen;
Die Muse spricht nicht selten minder süß,
Doch eins ist mehr, als je die Zunge
pries:
Ihr Lächeln, was man unaussprechlich
findet;
Ein Lächeln, was den Rasen, der sie
trägt,
Den Bluhmensteig, worauf sie geht, ent-
zündet,
Und Leidenschaft, wohin sie blickt, erregt.
Mein Herz, das sonst nichts weibliches
überwindet,

Em-

Empfindet es, dieß Lächeln, seufzet, girrt.
Ich glaube gar, wann in Zypressenhecken
Um meine Gruft ihr schöner Fuß einst irrt,
Mich könne dann dieß Lächeln auferwecken,
Womit sie mich doch lieber — tödten wird.

HYMEN UND DIE TRUPPEN AMORS.

Hymen ſtand im Hinterhalte,
Als ein Heer von Amoretten
Seines Reiches Gränzen nahte.
Wer da? ſchrie er halb erſchrocken,
Wer da? ſprecht! ſonſt werd' ich ſchießen.
Holder Bruder! ſprach ihr Führer,
Fürchte nichts von Amors Truppen.
Es iſt gar nicht unſer Endzweck,
Deine Lande zu verheeren;
Wir verlangen nur den Durchzug.

AUF AMIRENS AUGEN.

In dem Zirkel ihrer Augen
Sizt das schmeichelhafte Glück.
Jeder wünscht mit seinem Blick
An Amirens Blick zu saugen;
Jedem, den sein Strahl getroffen,
Scheint er heitrer Sonnenschein,
Huld und Zärtlichkeit zu seyn,
Zeiget ihm den Himmel offen,
Weissagt ihm ein himmlisch Gut;
Aber falscher als die Fluth,
Raubt er bald, diess Gut zu hoffen,
Auch dem reinsten Götterblut,
Auch dem Liebesgott den Muth.

DER ZÄRTLICHE LIEBHABER.

(Nach einem Liede des Herzogs Heinrich von Breslau, aus dem dreyzehnten Jahrhundert.)

Klagend bat ich den May und Sommer, klagend
Wiese, Hügel und Wald, und Sonn' und Venus:
Helft mein Mädchen erbitten, daſs es liebe.
Alle gaben mir freundliche Vertröstung.

M A Y.

Meinen Bluhmen und Blüthen will ich sagen,
Daſs sie, bis sie dich liebt, verschlossen bleiben.

S O M M E R.

Meine Hänflinge, meine Nachtigallen
Sollen schweigen, so lange bis sie liebet.

WIESE.

WIESE.

Mit den blitzenden Tropfen meines Thaues
Blend' ich, bis sie dich liebt, ihr zartes
Äugleiu.

HÜGEL.

Pflückt sie Blühmchen auf mir, mein Felsenstrauch *) soll
Fest sie halten, so lange, bis sie liebet.

WALD.

Sucht sie dir zu entfliehn in meine Schatten,
Will ich schnell mich des Laubes gar ent-
laden,
Sie mit meinem Gezweige nicht zu bergen.

SONNE.

---

*) Felsenstrauch, *empetrum nigrum Linnaei*, welches von einigen Haidekraut genannt wird, ist
ein stachliges Gewächs, das sich den Gehen-
den überall fest an die Kleider hängt.

Sonne.
Strahlen will ich auf sie verschiefsen, wacker
Athmen will ich sie lassen, bis sie liebet.

Venus.
Was nur lieblich ist, will ich ihr verleiden;
Alle Strafsen der Freuden ihr versperren;
Bis sie willig den süfsen Sänger küsset.

Liebenswertheste Göttinn, sprach ich; Sonne,
Wald und Hügel und Wiese, May und Sommer!
O! was redet ihr? Ob sie mich betrübet;
Die Geliebte, will ich doch lieber leiden,
Als gestatten, dafs ihre zarten Glieder,
Eurer Freuden beraubet, schmachten sollen;
Lieber todt will ich seyn, als sie nicht froh sehn.

AN DREY SCHÖNEN,
DIE EINEN PROCESS SOLLICITIRTEN.

Ihr anmuthsvollen Bettlerinnen
Gebietet, selbst im Flehn;
Und flehet, wie die Charitinnen,
Bescheiden, aber schön.

Mit Augen, die voll Thränen stehen,
Und einer blossen Brust
Bewegt ihr alle, die euch sehen,
Zum Mitleid und zur Lust.

Das Herz, durch euren Reiz bestritten,
Erinnert den Verstand:
Die so liebreizend bitten, bitten
Mit Waffen in der Hand.

BITTE AN DIE GÖTTER.

Sie liebet mich, um die ich mich bemühte:
Ihr Himmlischen! mein Glück ist eurem gleich! —.
Um eine Huld, ihr Götter voller Güte,
Ach! um die lezte noch beschwör' ich euch:
Soll Naïde mich verlassen,
Untreu werden, und mich hassen,
Sie, die jezt vor Liebe girrt:
O so lasset mich erblassen,
Einen Tag zuvor erblassen;
Ehe sie mir untreu wird.

DER KAFFE.
AN BELINDEN.

So wie dein ungeflochtnes Haar,
Wann es ein Spiel der Weſte war,
Und gleich dem holden Frühlingskinde,
Gleich der Aurikel hier im Strauſs
Vor deinem Buſen: ſo, Belinde,
Sieht dieſer braune Nektar aus.

Nimm ihn, und ſag Cytheren Dank!
Sie gab dir dieſen Göttertrank,
Die ſchwarzen Sorgen zu beſtreiten,
Und dir in deine junge Bruſt
Den unbeſchöltnen Trieb zu leiten,
Dem du nicht widerſtreben muſst.

AN CEPHISEN.

Cephife, laſs den Pinſel ruhn!
Wo tauſend Lilien entzücken,
Brauchſt du die Wangen nicht mit Roſen
auszuſchmücken.
Cephife, laſs den Pinſel ruhn!
Du brauchſt die Wangen nicht mit Roſen
auszuſchmücken:
In holden Augenblicken
Wird Amor es ſchon thun.

AMI-

AMIRE.

Hier, wo linde Wefte fächeln,
Kam fie auf den Wiefenplan,
Wie die Unfchuld angethan,
Mit dem Munde mir zu lächeln,
Der nur göttlich lächeln kann.

Freundlich pries fie meine Laute,
Die doch fchwache Töne gab;
Liefs fich dann noch mehr herab,
Und umwand mit wilder Raute
Zierlich meinen Hirtenftab.

Siehft du dort in jener Linde
Eingefchnizt ein brennend Herz?
Meinen Nahmen unterwärts?
Diefes fchnitt fie in die Rinde
Im verwichnen Monath März.

Geſtern als mit ſchlaffem Zaume
Phöbus zu den Nymphen fuhr, 1)
Kam ſie wieder auf die Flur,
That bey jenem Weidenbaume,
Mein zu ſeyn, den erſten Schwur.

Turteltauben in der Weide,
Ein verliebtes treues Paar,
Das bereits entſchlafen war,
Aufgeweckt von dieſem Eide,
Girrte laut und küſste gar.

Uns entrollte manche Zähre,
Gleich des Thaues Tropfen rein.
Jedes ſprach von ſeiner Pein,
Und verlangete die Ehre,
Das Verliebteſte zu ſeyn.

Einen

---

1) Oder, die Sonne ſich ins Meer ſenkte.

Einen Apfel zu gewinnen,
Ida, 2) ſtritten dort auf dir,
Gleich erhizt von Ruhmbegier,
Drey olympiſche Göttinnen,
Doch ſo lebhaft nicht, wie wir.

Ich gewann. Voll heiſser Liebe
Hieſs ſie mich ihr andres Ich,
Zog ins Gras mich neben ſich.
War es viel für ihre Liebe,
War's zu wenig doch für mich.

---

2) Ida hieſs der Berg, wo ſich Juno, Minerva und Venus um den Preis der Schönheit zankten.

DER ANBLICK VON OBEN.

(Des Sarbiewski fünfte Ode des zweyten Buchs.)

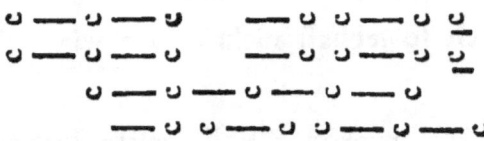

Was menschlich heifst verlafs' ich. O!
  traget mich,
Ihr Wind', ihr Wolken, eilend von hinnen. Ha!
 Wie weit von mir die höchsten Berge!
  Weiter noch Völker und König-
   reiche

Entfernet liegen! Schimmernde Tempel
  der
Beglückten Götter; Schlöffer der Könige
 Und meilenlange Städte fcheinen
  In der Vertiefung beynah ver-
   fchwunden.

Zerstreut erblick' ich überall unter mir
Die Völker wohnen. Trauriger Unbestand
   Fortunens! Ewig neuer Wechsel
      Immer sich ändernder Kreaturen!
Hier drohen neue Städte dem Himmel noch
Mit ihren ersten Wällen; doch anderwärts
   Verfallen alte; dort bedecken
      Kummer und Sträuche versunkne Schlösser.
Hier ist das Klima freundlich und mild, jedoch
Die Völker fallen wüthend einander an;
   Im Frieden lebt man dort; doch böse
      Seuchen verheeren die schöne Landschaft.
Hier blizt das Feld von schimmernden Waffen, und
Scheint fast zu brennen. Unterm gehobnen Arm
   Des Schicksals zittern Heere: da sich

Zweifelhaft, ob er die Schlacht beginne,
Der Grimm beſinnet. Marspiter anderswo
Kaum angekommen läſst die Phalangen ſchon
Zuſammenſtoſsend ſich zerſchmettern;
Mit der Erſchlagenen Haufen deckt er
Die Luftgefilde. Sicher beſegeln dort
Die breiten Meere Waaren aus Indien,
Und in den Häfen lebt und wimmelt
Alles, wie Ämſen, in voller Arbeit.
Mars kriegt aus Einer Urſach mit einerley
Gewehr nicht. In der lachenden Buhlerinn
Geſicht kämpft Wolluſt; und um Eine
Hélena ſchmachtet und brennt die Erde.

Mit

Mit Kriegen ahndet diefer ein Scheltwort; der
Mit Landverheerung einen geraubten Hund.
 Ein feltnes Lafter will als Beyfpiel
  Mächtig ftolzieren und Tugend heifsen.
Das Meer in Often decken Mavortifche
Galeren. Thetis fendet aus ehernen
 Entflammten Schlünden Blitz und Donner,
  Dafs die erfchrocknen Gebirge beben,
Und weit entfernter Infeln Geftade von
Verftärkten Fluthen heulen. O! haltet ein,
 Barbaren, dafs nicht einfach Unglück
  Feuer und Schiffbruch und Stahl verdopple!
Eröffnet ihren Kindern nicht ohnehin
Durch taufend Todesarten die Erde fich?

Drum wollen, durch empörter Völker
   Stäte Tumulte bewegt, die Reiche
Nicht länger stehn, und wanken und
   stürzen sich
Auf ihre eignen Bürger. Verschwiegner
   Staub
Bleibt übrig, drauf der Stab des späten
   Wanderers schreibe: Mit seinem
   König
Und Volke liegt hier selber das Königreich.
Gedenk' ich noch der Meere, die, über sich
   Gezogen, ihre Städt' und Porte
      Selber verschwemmen? der Göt-
         tertempel
Und Königsschlösser, schallend von schlei-
   chenden
Gewässern? und der Hütten, vom Ocean
   Verschlungen? Aller Orten seh' ich
      Tyrische Waaren und Schätze
         schwimmen.
            O!

O! alles zu zernichten, beeifert sich
Die Welt gewaltig. Schlachten, Belag-
rungen,
Gezänk und Tod bringt Libitina
Auf die beblutete Scene: bis
einst
Das hell gestirnte Himmelstheater sich
Der Tage lezten schliesset. Was weiſs ich
denn,
Ich Luftbesegler, die besonnten
Himmlischen Wohnungen zu er-
schiffen?
Bewundr' ich immer, was nicht unsterb-
lich ist?
O! tragt, o! tragt mich, fliehende Wol-
ken, hin,
Wo durch des Himmels blaue Felder
Sonnen und Monde sich wälzen! —
Irr' ich
Getäuschet? Heben mächtige Winde mich
Noch

Noch höher aufwärts? Kleiner von neuem
sind
Die Reiche mir; die Völkerschaften
Unter den Augen wie ganz ver-
schwunden.
Die Erd', allmählig ferner, verlieret sich
In eine Kugel; endlich in einen Punkt.
O überfließend Meer der Gottheit!
Insel, von keinem Gestad' um-
gränzet,
Doch reich an Häfen; die nicht vergäng-
lich sind,
Empfang', verschling' mich Müden, mich
Keichenden!
Grundloser Ocean der Geister,
Drehe mich ewig in deinem Wirbel!

AN HERRN LEFEVRE ZU DÜN-
KIRCHEN.

(Als er über seinen unausgesezten Betrachtungen des
Himmels seiner Freunde zu vergessen schien.)

Sohn Uraniens, LEFEVRE,
Höre deine treuen Freunde,
Die dich, wie die Sonne, lieben,
Höre sie auf jener Warte!

Willst du unterm hellen Himmel
In den kalten Winternächten,
Ohne Wein und ohne Liebe,
Nur der Sterne Lauf betrachten;
Willst du, wie der Bär im Norden,
Niemahls auf die Erde kommen,
Wo die Mutter dich geboren?
Oder, wie Kolumb, der Schiffer,
Neue ferne Welten suchen,
Ehe du noch diese kennest?
Willst du, frecher als Prometheus,

Feuer

Feuer von dem Himmel rauben,
Ohne Furcht vor feiner Strafe?
O! wie werden deine Freunde
Traurig nach den Wolken blicken,
Wenn des Winters Zaubergürtel,
Deinen zarten Leib verfteinert!
O! wie wird Kupido weinen,
Wenn fich deine Rofenwangen
Bläffer als Violen färben,
Und die kaffebraunen Haare,
Die dein frifch Geficht fchattiren,
Von dem Reife dick bepudert,
Locken alter Greife gleichen!
O! wie wird dein Mädchen feufzen!
Harter, fiehft du, wie fie feufzet?
Wie ihr plötzlich Rahm und Nadel
Aus den bangen Händen finket,
Die fie zu dem Himmel aufhebt?
Wie aus ihren blauen Augen
Auf den jungen vollen Bufen

Perlengleiche Zähren rollen,
Gleich den perlengleichen Zähren,
Die von schlankgewachsnen Lilgen,
Wenn der Morgenwind sie schüttelt,
Blinkend von der Sonne, träufeln?
Überall auf Markt und Strasen
Ruft sie laut: Wo ist mein Liebling?
Komm, Lefevre, sie zu trösten!
Kehre deine schönen Augen
Von den neblichten Hyaden,
Und dem traurigen Orion
Nach der Erde, deinem Ursprung;
Von der Jungfer mit der Ähre
Nach der angenehmern Iris.
Steig von jener Sternenwarte,
Die Neptun mit Wasserwogen
Grimmig untenher bestürmet,
Unterdessen Eurus oben
Ihr den schnellen Umsturz drohet.
Horch! er heult, wie Wölfe heulen!
Sieh!

Sieh! er bläſt die weiten Backen,
Dich vom Felſen wegzublaſen;
Und dann wirſt du, andrer Ikar,
Einer See den Nahmen geben;
Und dein Mädchen wird, wie Hero,
Dir an Lethens Ufer folgen,
Wo man keine Küſſe höret.
Lieber komm in mein Muſäum,
Wo der Öhlbaum und der Laurus,
Unter denen Phöbus ſpielet,
Sich geſchwiſterlich umarmen.
Da ſteht, luftig aufgeſchürzet,
Vater Komus am Kamine,
Kocht den braunen Trank der Mohren
In japaniſchen Gefäſsen,
Die am Feuer röthlich ſchimmern;
Und Kupido ſizt daneben,
Zeigt ihm lächelnd mit dem Finger
Dein heimtückiſch laurend Mädchen,
Die voll edler Rachbegierde

Hin-

Hinter einem Pfeiler hucket,
Wenn du kömmst, dich zu erschrecken.
Dann wirst du sie küssen wollen;
Aber sie wird deinen Lippen
Ihren großen Marderstaucher *)
Lieblich spröd' entgegen halten,
Schalkhaft weigern, was du foderst,
Und den Kuß sich rauben lassen,
Den sie dir sonst ungebeten
Bis in Yperns Garten nachtrug.

---

*) Im Oberdeutschen ist Stauch oder Staucher, ein Muff, besonders ein kurzer enger Muff, der daselbst auch ein Stutz, ein Schliefer genannt wird. s. *Adelungs* Wörterbuch.

ODE AN DIE FRAU GRÄFINN VON STR....

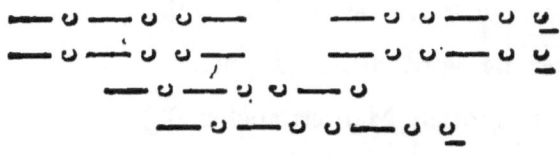

Dreymahl glücklich bist du, Porzia: denn der Zeit
Alles nagender Zahn schonet voll Ehrfurcht dich;
Deines Alters Oktober
Blüht dem freundlichen Maye gleich.

Funfzig Jahre, die schon über dir hingeflohn,
Sezten niemahls mit Brand, sezten mit Runzeln nie,
Deinen glänzenden Zähnen,
Deiner blendenden Stirne zu.

Deine

Deine rösliche Haut, deine hellleuchten-
den
Augen waren vielleicht schöner und hol-
der nicht,
Als dir Venus zu Freyern
Ehmahls Fürsten und Helden gab.

Deine reizende Brust scheinet dem Wech-
sel nicht
Unterworfen zu seyn. Voller Zufrieden-
heit
Kannst du jeglichem Spiegel
Deines Schlosses entgegen sehn.

Fest und leicht ist dein Gang, so daß
auch Juno selbst
Majestätischer nicht unter den Göttern
geht.
Wie Cytheren umtanzen
Liebesgötter und Scherze dich.

Wer des Abends dich sieht, nennet den
Hésperus
Nicht so freundlich, wie dich; wer dich,
des Morgens sieht,
Nennt (ihr Götter, verzeiht mir!)
Nicht den Phósphorus halb so
schön.

Oft schon sahst du dein Land seinen Ge-
schmack und sich
Völlig ändern: nur du, sonder Verän-
derung,
Bleibst nach Jedes Geschmacke,
Bleibst der Herzen Beherrscherinn.

Ich bekenn' es der Welt, sprech' aus
Vergünstigung
Des Aonischen Chors dieses: „ Zu loben
war,
„ Nicht zu schelten, Ulysses,
„ Daſs er um das getreue Weib,
„ Al-

„ Allen Nektar Olymps sammt der Un-
sterblichkeit
„ Wohlbedächtig verwarf: wenn es, o
Porzia,
„ Dir an Weisheit, an Tugend,
„ Dir an Grazien ähnlich war, "

DER NEGER.

Beschließt der Neger König,
In meinem Vaterlande
Kassena *) Rath zu halten,
So wird ein Dutzend Krüge
Voll Wasser aufgestellet.
In diese Krüge steigen
Ein Dutzend schwarzer Räthe,
Und sagen, bis zur Gurgel
Versenket, ihre Meinung. —
Du lachst, mein Herr Franzose?
Du spottest unsrer Sitten?
Belache nur die deinen! — —
In deinem Vaterlande
Rathschlagen bloß die Krüge.

*) Ein Königreich in Nigritien.

AN DIE VERNUNFT.

Bey geliebter Seelenfreunde
Fröhlicher Zusammenkunft
Schimpfst du nur auf unsre Freude,
Alte mürrische Vernunft!

Werde doch, gleich dieser Kerze,
Endlich ein wohlthätig Licht!
Leucht' uns, wenn wir uns vergnügen,
Zu der Lust, und stör' uns nicht!

BEY ÜBERSENDUNG EINER TASCHE.

AN EIN FRAUENZIMMER.

Längſt beſitzeſt du ſchon Cytherens
Gürtel.
Jezt verehret der Gott der Handelsleute,
Der Sophiſten und Beutelſchneider, Hermes,
Dieſer artige Gott, dir etwas Neues:
Eine Taſch' in der Oper abgeſchnitten.
Die Behendigkeit ſeiner Finger wurde
Durch den Reichthum der Taſche gut bezahlet.
Denn er fand in derſelben, wohlgezählet,
Alter attiſcher Münze tauſend Stücke:
Erſt dreyhundert Talente zu gefallen;
Dann ſich lieben zu machen noch vierhundert;

Dann

Dann dreyhundert fowohl von Kleinig-
   keiten,
Als von grofsen Gefchäften wohl zu
   fprechen,
Und der Rede den feinften Schwung zu
   geben.
Diefe feltnen Talente waren alle
Mit dem Stempel der Grazien bezeichnet.
Auch hat Hermes hierin fich nicht geirret,
Sondern richtig geurtheilt, dafs die Tafche
Keiner andern, als dir, gehören könne;
Denn im weiten Bezirke diefer Erd' ift
Keine Tafche, gleich diefer, mehr zu
   finden.

GRABSCHRIFT EINES SCHOOSHÜNDCHENS.

Ich ward von Sylvien geliebt in meinem Leben:
Doch weil man in der Welt nicht eben immer liebt,
Ein Abschied aber, den ein liebes Mädchen giebt,
Den Abgeschiedeten betrübt,
So hab' ich mir den meinen selbst gegeben.
Ich starb, annoch von ihr bethränet und geliebt.
Der Schönen Zärtlichkeit (dem Biby dürft ihr glauben,
Ihr glücklich Liebenden!) kann ewig nicht bestehn.
Sein Mädchen stets getreu zu sehn,
Muſs man das Leben sich nicht allzulang' erlauben.

DAS VEILCHEN.

Nur ein dunkler Wald
Und geheimer Schatten,
Oder feuchte Matten,
Sind mein Aufenthalt.
Doch vergönnet mir
Dieser Fluren Zier,
Flavia, das Glücke,
Daß ich manchmahl ihr
Stirn' und Busen schmücke,
Werd' ich kleine Bluhme,
Klein sonst und gemein,
Meinem Volk zum Ruhme,
Bald die Fürstenbluhme,
Bald beneidet seyn.

MOMUS UND HYMEN.

Momus nimmt Cytherens Kind,
Sezt voll Schalkheit es geschwind
Meiner Iris auf das Knie;
Nimm es, spricht er. Aber sie,
Fackelroth das Angesicht,
Weint, und flieht, und Hymen spricht:
Momus, spare deine Müh!
Ohne mich nimmt sie es nie.

AUF DEN TOD DER JUNGFER K.

Koronis ist erblichen; man sezt sie heu-
   te bey. —
Der Grazien, ihr Dichter, sind jetzo
   wieder drey.

AUF EINE SCHÖNE, WELCHE IM MEERE ERTRANK.

Aus dem Meere ward geboren jene Venus zu Cythere;
Mutter Tellus schönste Tochter fand ihr
frühes Grab im Meere.
Pontus hätte sie erhalten, wenn die Seine
schöner wäre.

AN EINE ROMANENLESERINN.

Ich weiſs, was dich verderbt und mir
im Wege steht.
Ein luftiger Roman hat dich so aufge-
bläht.
Aus Schwachheit bildest du dir ein,
Man müsse Herrmann selbst, um dich zu
lieben, seyn;
Und niemand dürfe sich erkühnen,

Dich

Dich anders, als Thusnelden, zu bedie-
nen.
Begreife dich, geliebte Schäferinn!
Laſs doch nicht jeden Harlekin,
Wenn er dich lobt, das Lob der De-
muth dir entziehn!
Ich weiſs, ich bin kein Gott, kein Halb-
gott, und kein Rieſe.
Wie aber? biſt denn du Baniſe?
Biſt du denn eine Königinn?
Biſt du denn eine Huldgöttinn?
Nein! du biſt nur ein Kind nach mei-
nem Sinn;
Ein holdes allerliebſtes Mädchen,
Mit Nahmen Käthchen.

AN EINE GROSSE PRINZESSINN.

Stolz unsers Hofes, Schmuck für jeden
Hof,
Der jedes Herz entzückt entgegenlacht,
Prinzeſſinn von dem edlen Stoff,
Woraus man Königinnen macht!
Ich ſchreibe keine Komplimente,
Da ſich das Jahr erneut; ich ſchicke nicht
Preſente;
(Preſente giebt ein Diener nicht;)
Nur geb' ich dir, als dein Agente,
Den unterthänigſten Bericht,
Der dich vielleicht betrüben könnte:
Daſs in dem weiten Oriente,
Und in dem ganzen Occidente
(In welchen beiden du der Schönheit
Perle biſt)
Kein Prinz gefunden wird, der deiner
würdig iſt.

GRAB-

GRABSCHRIFT DES XAVERIUS.

Xaverius der Prediger liegt hier.
In jedes Kind von Schönheit sich verlieben,
Verstand der Mann, so gut, wie sein Brevier.
Die Liebesbrief', in seiner Noth geschrieben,
Bestellete, durch jegliches Quartier
Der Parochie, sein Küster Kasimir;
An Einem Tag' zuweilen über sieben.
Sie sprudelten von Gluth, wie Malvasier.
Nur Antwort drauf ist immer ausgeblieben.
Gott geb' ihm izt das Paradies dafür!

EINLADUNG ZUR ABENDMAHLZEIT.

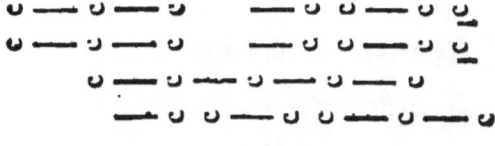

So bald die Freundinn zärtlicher Liebenden,
Die Nacht, der Menschen Augen mit Flor umzieht,
Begleiter, nebst den Charitinnen,
Amor Theonen in meine Kammer.

Zu dieser jungen Muse geselle dann
Du, meines Herzens andre Hälfte, dich;
So werd' ich, unter Götterfreuden,
Zwischen der Freundschaft und Liebe speisen.

WEISHEIT UND LIEBE.

Aphroditens schönes Kind,
Unvorsichtig, leichtgesinnt,
Stolperte bey finstrer Nacht
Unversehns in einen Schacht.
Als es nun Minerven rief,
Die, im nächsten Tempel schlief,
Kam sie, aber ohne Licht.
Gerne leuchtet' ich dir zwar:
Sähst du aber alles klar,
Würdest du der Gott der Pein
Öfter, als der Freuden seyn.

DER SCHÖNSTE GÜRTEL.

Schön ist der Gürtel, welcher dem grofs-
mächtigen
Otto das Wehr trägt an dem hellen Krö-
nungstag:
Blut'ge Rubinen liegen drüber ausgesä't.
Aber noch schöner ist der Dame Kaiserinn
Gürtel: die Schnalle, die ihn einschluckt,
kostete,
Kostet sie wenig, eine halbe Lombardey,
Stünd' auch nicht unrecht auf des heil'gen
Vaters Hut.
Aber ich kenn' euch einen noch viel lieb-
lichern
Gürtel; ach! einen, den mir keine Welt
bezahlt.
Glücklich, umschläng' er unabläfsig mei-
nen Leib!

Denn Wer ihn um hat, fürchtet keinen
Unfall nicht.
Das ist der wahre Gürtel der Frau Paphia,
Holder, als jener, den der blinde Barde
sang;
Und er umgiebt mich, wenn mich meine
Adelgund
In die schneeweissen, weichen, warmen
Arme schliefst.

LOB

LOB DES BURGUNDERWEINS.

Der war gewiſs ein frommer Mann,
Den Jupiter ſo lieb gewann,
Daſs er ihm dieſen Weinſtock ſchenkte,
Ihn ſelbſt in ſeinen Garten ſenkte,
Und voller Purpurtrauben henkte! —

Eh Peleûs in der erſten Nacht
Der Braut den Gürtel los gemacht,
Da fehlte bey dem hohen Feſte,
Zu der Bewirthung ſeiner Gäſte,
Der ſüſse Nektartrank, das Beſte.

Alsbald ſprach Zevs zur Götterſchaar:
Wir trinken Nektar Jahr für Jahr,
Seitdem wir im Olympus leben:
Izt ſollen einmahl ird'ſche Reben
Unſterblichen ein Labſal geben.

Er schüttelt sein allmächtig Haupt:
Gleich steigt der edle Stock belaubt
Mit schlanken Armen in die Lüfte,
Voll goldner Früchte, Nektardüfte,
Daſs er den Ruhm des Meiſters ſtifte.

Cythere ſtreckt die Finger aus,
Und klaubt ein Rebenkind heraus,
Und rizt den ſchönen Arm im Klauben: —
O Wunder! plötzlich ſind die Trauben
Gepurpurt, wie der Hals der Tauben.

FEST-

FESTLIED.

Liebesgötter, Amors Brüder,
Fliegt, so hurtig jeder kann,
Fliegt in vollem Chor hernieder,
Ehrt durch Freudentänz' und Lieder
Dieses Fest der Dankelmann!
Fleuch mit goldenem Gefieder,
Schöner Amor, selbst hernieder;
Bete sie voll Ehrfurcht an!
Ihre Schönheit macht dir wieder
Alle Herzen unterthan.

AURORA.

Aus dem Schooſs des Oceans ſteigt Aurora in die Lüfte.
Scherze ſchwärmen um ſie her und die angenehmen Stunden,
Und der allerjüngſte Weſt, nebſt den ſchönen Morgenträumen.
Es erblicket ſie die Nacht, und erſchrickt, und flieht von dannen,
Samt den Nebeln und der Furcht vor den Larven der Geſpenſter.
Und nun fährt ſie durch die Luft auf dem leichten Wolkenwagen,
Und beſtreut als Siegerinn ihren Weg mit Roſenkränzen.
Alle Vögel fliegen nun aus den Hainen ihr entgegen,
Himmel, Erde, Meer und Luft ſingend ihren Sieg zu melden.

Von

Von den Hügeln tönt ihr Lob aus verliebter Hirten Flöte;

Tief im Thale laſſen es muntre Stiere brüllend hören.

Ihr zu Ehren krächzet auch auf dem Lotos, ſeinem Pindus,

Ein dick aufgeblas'ner Froſch unbezahlt und unberufen.

Unterdeſſen zaudert ſie in dem majeſtätſchen Zuge,

Ihr unſterbliches Geſicht in dem Meere zu betrachten.

Dann dehnt ſich ihr Buſen aus, dann liebäugeln ihre Blicke:

Wie ein ſchönes Mädchen thut, das ſich vor dem Spiegel ſpreizet,

Und mit anmuthsvollem Stolz ſeine rabenſchwarzen Haare

Nach Strasburgiſchem Gebrauch in zwey lange Zöpfe bändelt,

Und gleich einer Krone sie mit der grün-
geschmelzten Nadel
In vier Ringel umgelegt mitten auf dem
Scheitel heftet.

Alle Wesen reiben nun Schlaf und Träg-
heit aus den Augen,
Und wo man ins Grüne sieht, reget sich
ein Erdbewohner.
Mit mühsamer Langsamkeit zieht die fin-
gerlange Raupe
Ihren schwarzbehaarten Leib an der Hasel-
staude aufwärts.
Der grüngoldne Käfer läuft wie die ma-
jestät'sche Sonne
Ungehört durch Kräuter hin, doch verräth
ihn bald sein Schimmer.
Und das Herrgottvögelchen, das unsichtbar
kleine Thierchen,
Steigt am Gräschen schnell hinauf, das sich
darum doch nicht bieget.

Wenn

Wenn es nun ganz oben ift, fchaut's ver-
wundrungsvoll herunter:
Ach! verfezt es, wie fo klein ift dort unter
mir der Erdball!
Dann beginnt es ganz entzückt beide Flü-
gelchen zu breiten:
Zephyr! ruft's, ich bin der Welt und der
Eitelkeiten müde;
Zephyr! ende meinen Lauf, trage mich
zum Sternenzelte.
Jener Hahn, weit irdifcher, und gebietrifch,
als ein Sultan,
Führet feinen Haram ftolz vor der Scheune
durch die Muftrung.
Dreymahl, viermahl trabet er um die jun-
gen Konkubinen,
Sinnt, verwirft, finnt wieder, wählt, bis er
eine fchmackhaft findet,
Der giebt er den Liebeswink: doch, als
ob fie nichts verftünde,
Flieht

Flieht sie, aber schneller nicht, als sie
denkt, er könne folgen.
Seine Hoheit folgt ihr auch; aber sie nimmt
Schraubengänge,
Durch Verzögerung der Lust ihn entzün-
deter zu machen.
Doch zulezt besteht er sie, und sie unter-
giebt sich willig
Einem Helden, der nicht weiss, was das sey,
nicht obzusiegen.
Seine Siegesstimme weckt eine wohlbeleibte
Spinne,
Die in dem bethauten Netz unterm Scheuer-
balken nickte.
Liebe Töchter! ruft sie schnell, liebe Töch-
ter, werdet munter!
Auf zur Arbeit! denn es tagt, auf! sonst
kriegt ihr keine Männer.
Dann fängt sie zu weben an, und erzählt,
nicht sonder Ehrgeiz,

Ihren

Ihren Kindern um sich her die Verwandlung
von Arachnen.

Unterdessen ziehet dort ein kohlschwarzer
Ameishaufen

Ordentlich zur Stadt hinaus, einen Splitter abzuholen.

Ihr Lykurgus geht voran, sie zur Tugend
anzufeuren:

Bürger dieses freyen Staats, ruft er, denkt
izt an die Nachwelt;

Zeigt, wo Freyheitsliebe herrscht, sey der
Grosmuth nichts unmöglich,

Und bemächtigt euch vereint dieses ungeheuren Mastbaums.

Minder ruhmbegierig jagt Amor dort,
zur Übung, Vögel,

Lockt sie bald ins grüne Netz, schießt sie
bald mit zarten Pfeilen,

Macht sie bald mit falschem Leim fest vor
ihrem eignen Nestchen.

Aber

Aber schaut, was guckt er so durch das Reis in jene Laube?

Hirten, ach! was guckt er so, und läst Pfeil und Bogen sinken?

Eine Nymphe, lieblicher als die Veilchen, die sie tragen,

Und sie küssen und sich freun, unter ihr zerwühlt zu werden,

Schläft in dieser Laube süfs, unter honigsüfsen Träumen.

Niedlich liegt ihr zart Gesicht auf dem Busen ihres Lieblings,

Wie Dionens Wangen einst auf Adonis Busen lagen.

Gott der Freuden! wecke sie durch des goldnen Köchers Rasseln.

Hebe! lehre sie das Spiel, sich das Leben selbst zu geben,

Da man solches andern giebt, die es wieder andern geben.

Lehre

Lehre sie den süsen Streit, der so manchen Streit entschieden,
Der so manchen Frieden schloss und die Erde nicht entvölkert.
Cytherea! führe sie in die Gärten deiner Insel,
In dein hold Elysium. Statt der Fackeln Hymenäens,
O Aurora! flimmre selbst um ihr hochzeitliches Lager,
Das ihr Florens Hand gestickt. Doch du fliehst, gejagt vom Phöbus?
Ha! der junge Phöbus eilt, will diess Paar den Göttern zeigen;
Alle sollen es voll Neid, seine Schwester schamroth, sehen.

THESTYLIS.

Himmel! was erlitt ich gestern!
Tief in unsern Wald, ihr Schwestern,
Bis zu den geheimsten Buchen
Drang mein Schäfer, mich zu suchen.
Freylich, wie ich selber finde,
Hatt' er ungemeine Gründe
Mich zu sehn, mirs zu erzählen:
Doch auch ich, mich zu verhehlen.

DIE BESTE VEREINIGUNG.

Ist ein schönes Gesicht das allerlieblichste
  Schauspiel,
  Und des Weisen Gespräch süsser, als
    jeder Gesang:
So vereinigt in sich ein Weib, mit Reizen
  geschaffen,
  Und mit Weisheit geschmückt, beider
    Geschlechter Verdienst.

DAPHNIS VON SEINER LALAGE.

— ◡ — ◡ ◡ — ◡ — ◡ — ◡
— ◡ — ◡ ◡ — ◡ — ◡ — ◡
— ◡ — ◡ ◡ — ◡ — ◡ — ◡
— ◡ — ◡ ◡ —

Fröhlich feh' ich, wie Gold, Azur und Purpur
Von dem Bluhmengefild' ihr Haar verfchönern;
Fröhlich feh' ich, wie junger Wefte Odem
Ihr die Locken bewegt.

Fühlt, wie glücklich ihr feyd, Aurorens Kinder;
Küfst, liebkofet nach Wolluft meine Liebe,
Wohl mir, hab' ich zu frohen Nebenbuhlern
Hier in Tempe nur euch!

SELA-

SELADON.

Auf diesen Rasen, den die Liebe
So reizend schön für Liebende gemacht,
Saß Seladon in grüner Zweige Nacht,
Von Liebesharm das Auge trübe,
Und schnitt in einen Baum mit matter Hand,
Was sein gerührtes Herz empfand: — —
„O selig! würde mir gegeben,
„In diesem Thal, das Fried' und Ruh'
umgiebt,
„Mit Iris, stets in sie verliebt,
„Und stets von ihr geliebt, zu leben:
„Wie gern wollt' ich, mein Vaterland,
„Aus deinem holden Sitz verbannt,
„Unter zarten Linden, unter stillen Bu-
chen,
„Meine Ruh, mein ganzes Glück,
„Nur in ihrem sanften Blick,
„Nur in ihrer Tugend suchen.
„Bis wir alle beid' einmahl,

„Le-

„ Lebens satt, nicht Liebens müde,
„ Unsre Hirtenstäb' in Friede
„ Nach dem Elisäerthal
„ Zum Gestade Lethens drehn,
„ Wo die frommen Schaaren gehn:
„ Dort in amarantnen Schatten *)
„ Uns vollkommener zu gatten,
„ Uns nicht mehr getrennt zu sehn. "

*) Im Schatten unverwelklicher Bäume.

WUNSCH

WUNSCH AN MADEMOISELLE...

O möcht' ich doch noch mehr Vollkommenheit,
O möcht' ich doch der Musen süse Gaben,
Der Pallas Kunst, Merkurs Beredsamkeit,
Adons Gestalt und sanfte Sitten haben!
An Höfen nicht damit herumzutraben
Und mich bey Fürsten einzuschmeicheln; nein!
Aus diesem Kranz von Nymphen, unter allen
Der artigsten und schönsten zu gefallen,
Und dermahleinst von ihr geliebt zu seyn.

DAS NEUJAHRSGESCHENK.

Naide! zum Neujahrsgeschenke,
Das deiner Anmuth würdig war,
Bracht' ich den erften Januar
Dir fonft von Bluhmen ein Gehenke.
Die Bluhmen find jezt allzu rar:
Dafs dich nun nicht im neuen Jahr
Mein unterlafsnes Opfer kränke,
So bring' ich zum Neujahrsgefchenke
Dir diefesmahl — mich felber dar.

AMORS IRRTHUM.

Amor fah im Rofengarten
Meine Taube, meine Schöne.
Sey gegrüfset, junge Mutter!
Sey gegrüfset, rief er haftig;
Ey! wo warft du denn fo lange?
Als er drauf mit beiden Armen

Ihre Hüften sanft umschlungen,
Und auf ihren klaren Busen
Einen Kuß gedrücket hatte,
Merkt er seinen schönen Irrthum,
Wurde röther, als die Rosen,
Und begann davon zu fliegen.
Aber ich erhascht' ihn hurtig
An des Fittigs goldnem Ende:
Sey nicht schamroth, sagt' ich fröhlich,
Sey nicht schamroth, Gott der Freude:
Tausend, welche besser sehen,
Haben sich, wie du, versehen.

AUF EINE VORLESUNG A. G. BAUM-GARTENS VON DER UNSTERB-LICHKEIT DER SEELE.

Die holdselige Gattinn Alcidens reichte den Göttern
Aus Pokalen von Gold süsen olympischen Wein:
Freund, von deinem ambrosischen Munde, dem Becher Minervens,
Fliesst ein süserer Strom himmlischer Weisheit herab.
Hebens Nektar hat nur unsterbliche Wesen verjünget,
Aber von sterblichen nimmt deiner die Sterblichkeit weg.

AN DIE VEILCHEN.

Geliebte Kinderchen, die hier zu meinen Füſsen
Aus feuchtem ſchwarzem Grund', erzeugt von Thau, entſprieſsen,
Ihr Veilchen, groſs von Geiſt, wiewohl von Leibe klein,
An Glanz und Farbe ſchön, doch ſittſam und gemein,
Ihr ſollt mir heut ein Bild belohnter Tugend ſeyn.

Ihr wohnt in einſamen und ſchattenreichen Gründen,
Sucht weniger die Welt, als euch die Welt zu finden,
Schmückt nie, wie Tulpen thun, ein prächtig Freudenfeſt,
Und ſelten küſst euch nur ein ſchmeichelhafter Weſt.

Zuweilen läſst ſich zwar mit gaukelndem
Gefieder
Der junge Schmetterling verbuhlet bey
euch nieder;
Doch winkt die Roſe nur, ſo eilt er weg
von euch,
Sagt kalt ſein Lebewohl, und flattert ins
Geſträuch.

Kein Menſch, um euch zu ſehn, irrt
zwiſchen dieſen Buchen.
Ein Tauſend liebt euch zwar, doch kei-
ner mag euch ſuchen.
Ihr habt ein gleiches Glück mit Tugend
und Natur:
Die rühmt der Philoſoph; die lobt der
Mahler nur:
Doch dieſer ſo, wie der, verlieren oft
die Spur,

Sind

Sind oft vom rechten Weg leichtsinnig ausgeschritten,
In seinen Bildern der, und der in seinen Sitten.

Erbebt nicht, wenn der Nord aus seiner Höhle steigt,
Und euer zartes Haupt so tief zu Boden beugt;
Müſst ihr gleich unter Schnee in kalten Thälern wohnen,
Der Himmel denkt an euch, und weiſs euch zu belohnen.
Es steigt nach eurem Tod' ein anmuths-voller Duft
Aus eurem Staub' empor und füllt die weite Luft.
Hierinn hat euch ein Gott Unsterblichkeit gegeben;
Ihr sollt, wenn ihr verwelkt, nicht ohne Nachruhm leben.

Und

Und izt sey euch gewährt, was der Poët erhebt,
Wornach der Thor sich reißt, wornach der Weise strebt,
Was unsrer Helden Schaar mit Blut sich möcht' erwerben:
Beneidet und geliebt auf Äglens Brust zu sterben.

AUF DEN TOD DER LAURA.

Wär' es Göttern vergönnt zu weinen, sie hätten, o Laura,
 Mit verhülltem Gesicht, da du gestorben, geweint.
Was sie konnten, das thaten sie: seine Fackel verlöschte
 Hymen, und Amor zerbrach seufzend den goldnen Pfeil.
Ob dein Tod Unsterbliche gleich und Sterbliche rührte,
 Hat er am meisten doch mich, deinen Verlobten, betrübt,
Daß ich die Seelen beneide, die dich zu den Schatten begleiten,
 Und in Elysiens Thal früher dein Angesicht sehn.

AUF OLYMPEN.

Bekleidet, ist Olympe an Schönheit reich,
Und unbekleidet, ist sie der Schönheit
gleich.

AUF HENRIETTENS BRAUTBETT.

Sey immer stolz, beglücktes Bette!
Du, hast das Herz der schönen Henriette;
Dich auszuschmücken ist ihr ganzer Geist
bedacht.
Ihr muntrer Finger eilt, auf deinem seid-
nen Rücken
Ein lebend Bluhmenfeld mit seltner Kunst
zu sticken:
Mich aber nimmt sie nicht an ihrer Seit'
in Acht.
Doch jauchze nicht, daß sie dir jezt den
Vorzug giebet!

Daſs ſie ſo ſtaunend ſizt, beweiſet, daſs
fie liebet;
Und daſs ſie dich ſo ſchmückt, beweiſ't,
ſie liebet mich.
Ich läugne nicht, ich muſs dich jezt be-
neiden:
Doch kömmt die Zeit, da du mich auch
beneiden muſst,
Wenn du, jezt Zeuginn meiner Leiden,
Einſt Zeuginn wirſt von meiner Luſt.

AKANTH

AKANTH UND PHRYNE.

Eine Romanze.

Ungefähr vor sieben Jahren
Bot Akanth aus Unbedacht
Für die Freuden Einer Nacht
Phrynen alle seine Waaren:
Aber ihm — wer hätt's gedacht? —
Ward ein tiefer Knicks gemacht.

Neues Wunder! nach drey Jahren
Hatte Phryne sich bedacht,
Und versprach ihm eine Nacht
Für die Hälfte seiner Waaren:
Aber er — wer hätt's gedacht? —
That, als hätt' er Scherz gemacht.

Drauf erschien sie nach zwey Jahren
In verführerischer Tracht,
Und verhieß ihm eine Nacht
Für ein Drittel seiner Waaren:

Aber

Aber er — wer hätt's gedacht?
Ward darüber aufgebracht.

   Nach den beiden lezten Jahren
Kam fie, glühend als ein Dacht,
Und verhiefs für Eine Nacht
Ihm izt alle ihre Waaren:
Aber er, wer hätt's gedacht? —
Hat fie graufam ausgelacht,

DER ZWEYTE HOCHZEITSTAG.

Der du lachend und leicht Feſte der
 Fröhlichkeit
Unter Linden zu ſchildern weiſst:
Tityrn, ſeine Schalmey blaſend, und
 Sylvien,
Tanzend vor dem betrunknen Faun,
Der, mit Weinlaub umkränzt, neben dem
 Schlauche ſizt:
Zeichn' auch dieſes Gemählde mir,
Mahler! denn die Natur, die dir gewo-
 gen iſt,
Hüpft auf deinen Befehl herbey.
Auf drey Tage des Dorfs glückliche Kö-
 niginn —
Einen Strauſs, ſtatt der Edelſtein',

Auf der Bruſt; ſtatt der Kron', einen Tirolerhut,

Halb in Flechten des Haars verſteckt;
Zartes Moos ſtatt des Throns, und ſtatt des Baldachins

Einen blühenden Roſenſtrauch, —
Schien von voriger Nacht jetzo das Bräutchen noch

Blaſs, verſchämt und erſtaunt zu ſeyn.
Keuſch und glücklich, zugleich ſpricht ihr vom Angeſicht

Freude, die ſie gegeben hat.
Schläfrig, aber verliebt, ſchielet ihr Bräutigam

Noch mit trunkenem Aug' auf ſie.
Sein erſt werdendes Glück ſtrahlet ihm ſichtbarlich

Von der feurigen Stirn' herab.
Der die Augen ihm ſchlieſst, Amor, verdunkelte

Doch die Freud' in den Augen nicht.
Alle

Alle Scherze, so viel izt in der Gegend sind,
 Alle Grazien, leichtgeschürzt,
Bloß in Leibchen und Rock, alle muth-
   willigen
 Liebesgötter beginnen izt
Einen trunkenen Ball, bunt mit der Liverey
 Des Thalassius *) angethan.
Jeder Seladon, an seiner Asträa Hand,
 Tanzt vor'm schnurrenden Dudelsack
Ausgelassen. O seht, wie sie, ein Labyrinth
 Ziehend, bald auseinander fliehn,
Als entzweyte; bald hergehüpft, wiederum
 Sich umschlingen und fröhlich thun!
Einer drücket geschwind, da er vorüber
   flieht,
 Seiner Braunen ein Schmätzchen auf.
Sie erzürnt sich zum Schein, nennt es
   Vermessenheit,
      Und

―――――――――――――

*) Thalassius, ein Gott der Hochzeiten bey den
 Römern.

Und verbirgt doch im Innerſten

Kaum die Hälfte der Luſt, die ſie em-
pfunden hat.

O! wer hätte liebreizende

Scham, wer hätte geglaubt, Wolluſt und
Sittſamkeit

Auf dein Lande vereint zu ſehn! — —

Jenen Greiſen zur Seit' (unſre bukoliſchen
Schilderungen zu endigen,)

Gehn aufs neue, beym Krug, Funken
der Fröhlichkeit

Aus der Aſche des Herzens auf:

Wie ein Sommertag ſpät in dem Decem-
bermond

Oft noch purpurn vom Himmel ſteigt.

Beym Geſchwätz, was auch ſie waren,
vergeſſen ſie

Alle, daſs ſie bald nicht mehr ſind,

KO.

KORIDON.

In diesem holden Thal, auf diesen stillen
Auen
Verbracht' ich ehemahls, Rosalien zu
schauen,
Ein Frühlingstagen gleich vergnügt ver-
flosnes Iahr.
Wie reizend war sie nicht! wie himmlisch
ihre Lieder! —
Du seufzest, schwaches Herz? Erwacht
die Liebe wieder?
Vergaſseſt du denn schon, daſs sie dir
untreu war?

Mein Finger brach hier oft sanft ir-
rend auf der Heide
Der goldnen Blühmchen Pracht: die steckte
sie voll Freude
Bald vor die weiſse Bruſt, bald in das
schwarze Haar.

Wie reizend war sie nicht! wie himmlisch
    ihre Lieder! —
Du seufzest, schwaches Herz? Erwacht
    die Liebe wieder?
Vergaſseſt du denn ſchon, daſs ſie dir
    untreu war?

AN EINEN FREUND
ÜBER DIE ERTRAGUNG DES GLÜCKES.

(Des Sarbiewsky vierte Ode des dritten Buchs.)

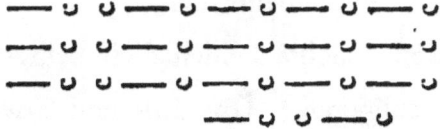

Fördert ein sanfter Zephyr deine Segel,
Jagen ergrimmte Wogen deine Barke:
Trotze des Glückes Wuth, und spotte seiner
        Mancherley Ränke.
Lacht es: mit Grosmuth siehe dann zur
        Seite;
Weint es: mit Anmuth lächle dann zurücke.
Lern' auch allein und in den stärksten
        Stürmen
    Dich zu besitzen.
Einer berennten Stadt gleich, Freund,
    regiere

Selbſt dich, als Konful oder Cäſar,
   wenn die
Diener des Schickſals deines heitern Herzens
   Feſte beſtürmen,
Gehe, wenn leichte Leiden dich beſuchen,
Fröhlich entgegen. Überfluſs und Friede
Lieben die Laren deſs, bey dem zuerſt ſich
   Traurigkeit einfand.
Günſtiges Glück führt dieſes Übel bey ſich,
Daſs es verzärtelt; Unglück dieſes Gute,
Daſs es die Herzen endlich ſtählet, die es
   Anfangs verwundet.
Kummer von langer Dauer iſt nicht heftig,
Mach' das Geſchick dir durch Geduld zur
   Freundinn.
Wird durch Gewohnheit nicht die ſchlech-
   ſte Gattinn
  Endlich erträglich?

DIE SCHLAFENDE SCHÖNE.

In den Augen der schönen Oronte
Sizt Amor, so lange sie wacht;
Streut aber Morpheus Schlummerkörner
Ihr auf die müden Augenlieder,
Dann läst sich Amor zum Busen heráb.

Unter einer Myrtenlaube,
Dem Tempel des Harpókrates, *)
Fand ich Oronten am heissesten Tage des
Sommers,

Wie in Enna's blühendem Thale
Die junge Proserpina,
Müde jungfräulicher Spiele,
Auf Bluhmen ruhete, lag sie
Auf einem Bette von Veilchen und Rosen.

---

*) Harpókrates ist der Gott des Stillschweigens.

Die Bürger der Zweige,
Unbeweglich in den Neſtern,
Schonten ihrer Ruhe,
Und unterbrachen den Waldgeſang.

Ich nahete mich, ohne Furcht,
Ihre Reize zu betrachten;
Denn alles verſicherte meinen Begierden
Unſtrafbarkeit.

Bald hob ich von meiner Stirne
Das leichte Bluhmenkränzchen,
Und ſezt' es leiſe der ihrigen auf;
Bald legt' ich einen Purpurpfirſich
Ihr in die hohle Hand;
Bald warf ich ihr auf den Buſen
Ein ſüſs duftendes Roſenblatt,
Und überlieſs mich ganz
Meiner Sinne Bezauberung.
Denn was ich einzig fürchtete,
Ihr Auge, war geſchloſſen.

Ihr

Ihr unter durchsichtigem Silberflor
Sanft arbeitender Busen
Hatte mit Hülfe Favons
Schon die Bande zerrissen,
Die gefangen ihn hielten,
Und zeigete mir,
Wechselsweise sich senkend und hebend,
Alle seine wachsenden Schätze.

Wie des Argus hundert Augen
Auf jene Io sich hefteten,
So starreten die meinen
Diesen schönen Busen an.

Flora! sagt' ich, holde Gemahlinn
Favons,
Hast du in deinem Körbchen
Junge Lilien, oder Rosenknöpfe,
Frischer, als sie hier sind?

O weise Pallas, Jupiters Tochter!
Ziehe mich zurück.

Be-

Bedecke mit deiner Ägide mich,
Oder bedecke den Busen hier.

Sie hörte mich nicht.
Fern von ihrem Cekropischen Heiligthum
Saß sie in einem kühlenden Bade,
Wozu von seinen wohlriechenden Bergen
Ihr Inachus ambrosische Wellen gesandt.

Amor aber hörte mich.
Sichtbar saß er auf dem schönsten Busen,
Wie auf einem Thron von Alabaster,
Und schoß flammende Pfeil' in mein Herz.

Geh, sprach er, Sohn der weisen
Athenäa,
Geh, und sey künftig weniger kühn!
Du weißt so viel, und weißt noch nicht,
Daß, wenn auch eine Schöne schläft,
Doch Amor immer noch wacht?

DAS

DAS MENSCHLICHE LEBEN.
Eine Allegorie.

Dieses Lebens großer Weg
Hat viel gefährliche Plätze.
Allem Unglück vorzubeugen,
Mein Sophron, verhalt' ich mich so:

Ich spann' an meinen sterblichen
Wagen,
Den ich zum Grabe führe, zuerst
Gerechtigkeit, die stets auf rechtem Wege
bleibt,
Und Liebe, sonder die es allzulangsam
ginge.

Wahrheit, Unabhängigkeit,
Die bloß ein sanftes Leitseil dulden,
Gehn munter in der Mitt', und bleiben
Gern von des Reichthums Straß' entfernt.

Gesundheit und ein gutes Gewissen
Hüpfen fröhlich voran,
Und reissen mich an Plätzen,
Die tief und schlammig sind, hindurch.

Nichts bleibt vom Glück und der Natur
Mir ferner zu erbitten übrig,
Als dafs mein auserlesenes Gespann
So lang' als selbst mein Wagen daure.

DIE GRILLE UND DIE AMEISE.
(Nach dem Lafontaine.)

Die Grille, die des Sommers sang,
Daſs Feld und Thal und Berg erklang,
Konnt' im November keine Fliegen,
Kein Würmchen mehr zu essen kriegen.

Sie gieng zu ihrer Nachbarinn,
Der reichen Ameiſ', hungrig hin:
Ach! sprach sie, nichts hab' ich zu essen;
Doch kenn' ich deine Gutheit wohl.
Du leihst mir, wie ein Nachbar soll;
Gedoppelt zahl' ich Interessen.
Ein wenig Wurzeln oder Frucht
Ist alles, was mein Hunger sucht.
Mir hilft es und dir ists kein Schade.
Ich zahle, wie du giebst, mit Lust,
Und werd' im Heumond, im August,
Wie einer ehrlichen Cicade
Gebührt, auch früher noch, — die Wahl

Ist

Ist dein, — voll Dankes, nicht vergessen,
Die Zinsen und das Kapital
Dir richtig wieder zuzumessen.

Die Ameis' hielt nicht viel vom Leihn.
Ist's möglich? sprach sie, trugst du diesen
Verwichnen Sommer gar nicht ein?
Was thatst du denn auf unsern Wiesen,
Als noch die lauen Weste bliesen?
„ Ich sang. Was kann man schöners
                thun? "
Du sangest? Gut! so tanze nun.

AN DEN KÖNIG VON PREUSSEN FRIEDRICH DEN ZWEYTEN.

(Nach dem Voltaire.)

Die Mütter des Todes
Hat mit ihrem schweren Arme
Meine Schultern krumm gebeugt,
Und ein schreckliches Gefolge
Von Übeln, das sie umgiebt,
Nagt an meines unsterblichen Geistes
Geheimesten Federn.
Aber ich fürchte mich nicht:
Bey einem Weisen leb' ich,
Und spotte deines Angriffs,
Fürchterliches ALTER!
Es umstrahlt dich mit größerer Anmuth,
Als betriegliche Lust
Reizender Jugend gewährt:
Fliefst, o! fliefst dahin,
Meine lezten Tage!

Ohne Schrecken und heiter
Fließt bey einem Helden dahin,
Deſſen männliche Weisheit
Und Beredſamkeit euch im Frieden
Dieſen Traum des Lebens
Süß und ſchmackhaft macht,
Und ſo gar den Tod
Seiner Schrecken beraubt!
Aufgeklärer durch ihn
Sieht ihm meine Vernunft
Unerſchüttert entgegen,
Und von ihm geführt,
Gehn auf dunkler Strafse
Meine Schritte gewiſs;
Von der Pallas Ägide gedeckt,
Fürchtet der Sterbliche ſelbſt
Keine feindſelige Gottheit.

Philoſoph und Lehrer
Weisheitbegieriger Könige,

Wie

Wie schön ist meine Laufbahn!
Von deinem SANS-SOUCI aus
Wandr' ich auf Steigen, mit Bluhmen
beftreut,
In die elyfifchen Felder,
Allda vom gröfsten Regenten nach ihm
Marc-Aurelen zu unterhalten.
Unter amarantenen Lauben,
Und vor einem Pulte von Gold,
Werd' ich, lefend,
Über deine Gefchichten Salluften,
Über deine Gefetze Lykurgen,
Über deine Verfe Virgilen
Mit Eiferfucht erfüllen.
Ohne glauben zu können,
Werden fie vor Verwunderung erftummen.
Denn nicht einer vereinigte je
So verfchiedene Gaben.
Aber folge mir nicht
An der LETHE ftilles Geftade,

Was ich den feligen Schatten erzähle,
Selbſt zu bekräftigen; nein,
Lebe! beglücke noch lange
Dein gehorſames Reich!
Und geſelle dich ſpät
Deinen groſsen Modellen
In Elyſium zu!

AN VOLTAIRE.

(Nach dem Franzöſiſchen des Königs von Preußen,
Friedrich des Zweyten.)

Stütze des guten Geſchmacks und aller
Künſte,
Sohn Kalliopens, galliſcher Homerus!
Klage zu groſser Eile das Alter nicht an;
Welches, Belagernden ähnlich,
Deine flüchtigen Tage
Tückiſch untergräbt.

Jupiter, alles gleich zu machen, ver-
ehret
Roſen dem Lenze, goldnes Korn dem
Sommer,
Nektartrauben dem gekrönten Herbſt;
Sämmtlicher Jahreszeiten
Aufgeſpeicherte Schätze
Sind des Winters Genuſs.

Also findet der Mensch in jeglichem Alter
Neue Geschenke, die ihm das Herz erquicken.
Sind die Violen seines Frühlings verblüht,
Dann ersetzet die Spiele
Der empfindsamen Jugend
Die beredte Vernunft.

Trägt er den Purpur der Würden, dann verdammet
Sein Katonischer Ernst der Triebe schönsten,
Der uns in Amors seidne Netze zieht.
Die Trompete der Ehre
Ruft mit silbernem Klange
Ihn auf Felder des Mars.

Haben die Flügel der Zeit, die niemahls ruhet,
Seine Schläfe mit Reif und Schnee bedecket;

Dann

Dann begehret er Ehrfurcht von der Welt;
Dann ergetzen ihn Zinsen,
Von Kapitalen gewogen,
Die er ehstens verläst.

Du, dem ein schönes Geschick die fröhlichen Künste
Spannen, dessen Vernunft und fühlend Herz uns
Tausend Geisteswerke zu bewundern giebt,
Fürchtest du, aller Kamönen,
Aller Grazien Liebling,
Einst die Sense der Zeit?

Nein! die Tugend ist nicht den Stunden zinsbar.
Auch in silbernen Locken entzücken noch Weise.
Ob dein irdischer Stoff zum Grabe sich neigt,
Füllt der Gott des Parnessus

Doch mit himmlischem Feuer
Dein ätherisches Theil.

 Deines erhabnen Genie's verjüngte
    Schönheit
Seh' ich im vollsten Jugendglanze schim-
    mern,
So beglückt noch des Tages schönes Ge-
    stirn,
In Amphitritens Umarmung
Fallend, mit reizenden Blicken
Seinen verlassenen Ort.

 Ach! indessen Cybelens niedrige Kin-
    der,
Sklavische Ketten, ohne Gedanken, schlep-
    pen;
Unter Elend schmachten; ohne Trost
Aus dem Traume des Lebens
Scheiden, und endlich versinken
In der Vergessenheit Nacht;

        Glän-

Glänzen überall dir von parischem
Marmor
Ehrensäulen; der Ruhm, im feurigen
Fluge
Durch die Welt, tönt deine Verse
nur;
Könige weihen dir Tempel;
Und (was liegt an dem Alter?)
Alles huldiget dir.

Jene von Pythons Geifer geschwollnen
Neider,
Die der Verleumdung Pfeile nach dir
fchoffen,
Weil dein Ruhm den ihren mit Schatten
bewarf,
Weinen, fich fchämend, und fingen,
Von der Wahrheit gezwungen,
Allen Winden dein Lob.

Welche Triumph' und Trophäen warten einst deiner,
Bist du der Erd' auf dem Wagen der Musen entflohen!
Sieh! die erstaunte Nachwelt umkniet dein Bild.
Aus Amaranten bereitet
Schon die reizende Hebe
Dir ein Bett im Olymp.

VERGLEICHUNG DES CHAMPAGNER-WEINS MIT DER PHYLLIS.

(Nach dem Chaulieu.)

Er ist lieblich und voll Feuer;
Sie ist reizend, jung und fein.
Er belebet meine Leyer;
Sie giebt mir die Lieder ein.
Beider zarte Flammen rinnen
Mir durch Adern und Gebein.
Er bezaubert meine Sinnen;
Sie das Herz noch oben drein.

DIE GEBROCHNEN SCHWÜRE.

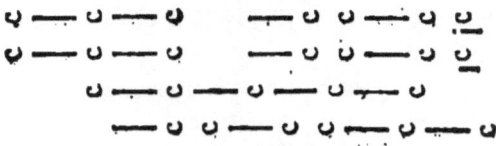

Mit tausend Schwüren schwureſt du,
Phyllis, mir,
Bevor du deinen Daphnis mit Zärtlichkeit
Zu lieben unterlaſſen wollteſt,
Würd' in dem Laufe der Rhein
zurück gehn.

Zurück, zurück, du König der Flüſſe du!
Fleuſs zu der Quelle, der du entfloſſen
biſt!
Beſchäme Phyllis Antlitz! —— Phyllis
Liebet nicht länger den armen
Daphnis.

DER VERWUNDETE KUPIDO.

(Nach dem Guarini.)

Von der Bien' im Zorn verwundet,
Der er ihren Honig raubte,
Flog Kupido auf Elisens
Kleinen weichen Purpurmund.

Sicher unter deinen Rosen,
Sprach er, soll das Angedenken
Meines Raubes nie vergehn.
Wer dich küsset, soll empfinden,
Was ich süsses, was ich bittres
Von dem Bienenschwarm empfand;
„ Zarte Schmerzen in dem Herzen,
„ Auf dem Mündlein Honigseim.

DIE ERWARTUNG.

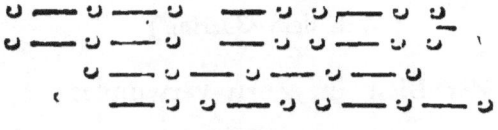

An diesem Abend speiset Theone hier.
Zwar leicht gekleidet kömmt sie, zwar
ungepuzt:
Doch, Grazien, mit euren Reizen
Und mit Gefälligkeit ausgeschmü-
cket.

Wie harr' ich deiner, seliger Augenblick!
Kupido, der schon vor ihr gekommen ist,
Schafft aus der Ungeduld Beschwerden
Zaubergestalten für meine Liebe.

Erhöhst du schon in deiner Abwesenheit,
Durch süfse Täuschung meine Vergnü-
gungen:
Wie wirst du, wenn ich dich umarme,
Meine Theone, mich erst entzücken!

AN

AN ÄGLEN.

Betrachteſt du die Menge
Der Grazien und Muſen,
Womit die Liederdichter
Den Helikon erfüllen,
So dünket dich: man hätte
So vieler nicht vonnöthen.
Allein, wer konnte wiſſen,
Eh du geboren wareſt,
Du wundervolles Mädchen,
Daſs alle holden Reize,
Daſs alle ſchönen Künſte,
In Einer wohnen könnten?

LOHN DER LIEDER.

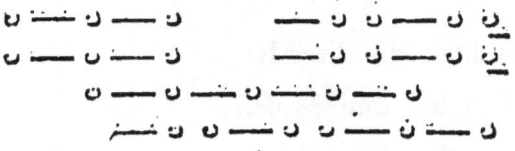

In einer Hymne, wie sie der Tejer sang,
Hätt' ich des zarten Amors Triumph erhöht:
 Da sagt' er: Zur Belohnung kriegst du
 Etliche Küsse von meiner Mutter.

Glückselig, sprach ich, bin ich, Cytherens Sohn!
Glückselig! — — Doch ich wäre glückseliger,
 Verschafftest du mir zur Belohnung
 Einen, nur Einen von Selimenen!

DER MORGEN NACH DER BRAUT-NACHT.

(In ebendemselben Sylbenmaaſs.)

O aller Nächte reizendſte! reizender,
Als aller Tage ſchönſter! verſchwiegene
    Vertrautinn meiner Flammen! dir nur
        Dank' ich die Freuden der reinſten
            Liebe.

Doch, o der Nächte ſchönſte! begün-
    ſtigte
Dein brauner Schleyer meine Begierden
    gleich;
    Hat doch auch deiner Schatten Miſs-
        gunſt
        Tauſend Vergnügungen mir ent-
            zogen.

ÜBER DIE VERGÄNGLICHKEIT.

(Des Sarbiewski siebente Ode des zweyten Buchs.)

———

Menschlichem Elend wär' es eine Lindrung,
Sänken die Dinge wieder, wie sie stiegen,
Langsam; Doch oft begräbt ein schneller Umsturz
Hohe Gebäude.

Lange beglückt stand nichts. Der Städt' und Menschen
Schickungen fliegen immer auf und nieder.
Jahre bedarf ein Königreich, zu steigen,
Stunden, zu fallen.

Welcher dem Umsturz eines Reiches Einen
Tag nur gegeben hat, der gab genug
ihm;
Unter dem Streich, ach! Eines Augen-
blicks er-
Liegen oft Völker.

Der du noch selbst des Todes Opfer seyn
wirst,
Nenne nicht darum, weil die Zeit im
Stillen
Menschen und Menschenwohnungen zer-
störet,
Grausam die Götter-

Die dich zum Leben rufte, jene Stunde
Rufte zum Tod dich. Lange hat gelebet,
Wer sich durch Tugend und Verdienst
ein ewig
Leben erworben.

DER BEFOLGTE RATH.

Kupido ſtahl der Mutter
Den ſchönſten Ring für Pſychen; *)
Verbarg ſich dann in Eile
In Marianens Auge.
Du haſt dich, ſagt' ich, übel,
Du kleiner Dieb, verborgen.
Ich ſuchte, wär' ich Amor,
Ein Herz, mich zu verbergen.
Ein Herz, verſezt' er ſchalkhaft,
Verbirgt mich freylich beſſer.
So ſey es, kluger Knabe,
So ſey es denn das deine,
In das ich mich verberge!

---

*) Pſyche war die Geliebte des Kupido.

MY.

MYSOGIN AUF DIE WEIBLICHE ZUNGE.

Daſs, ohne Zung', ein Mädchen schweigen kann,
Das glaubet man.
Daſs, mit der Zung', ein Mädchen schweigen kann,
Geht schwerlich an.

DER FRÜHLING.
AN BELINDEN.

Zu begierig, unſre ſtillen Hütten,
Unſer Tibur wieder zu beſuchen,
Schlich in unſer Thal ein Söhnchen Zephyrs
Heimlich ſich hinein, zu Trotz dem Norde.
Durch ſein Sorgen überzog die Thäler
Bald ein Teppichwerk von blauen Veilchen,
Die die Luft gelinde parfumirten.

Unterm Mäntelchen der zarten Flügel
Bracht' es Amoretten, halb nur flücke,
Aus den Eyerchen; die füllten piepend
Alle Thäler, Gärten und Gebüfche.
Seit der Stunde zwitfchern, wie betrunken,
Unfre Vögel all' aus allen Ecken
Etwas zärtliches und wollultreiches.
Noch, fo dünkt mich, ift es keine Liebe;
Doch wie leicht, Belinde, kann ich irren!
Willft du felbft es mit mir unterfuchen,
So begleite mich in unfre Thäler.

DER WAHRE SCHMUCK.

(Des Sarbiewski drey und zwanzigſte Ode des dritten Buchs.)

Keine mit edeln Steinen des Hydaſpes,
Keine mit Zedernholz geſchmückte Woh-
nung,
Noch des Paktolus Ströme ſind vermögend
Uns zu beglücken.

Forſche nicht, welche Flüſſe goldne Wellen
Still durch ſchmaragdne Wieſenthäler wäl-
zen:
Tugend, zum Himmel ſich zu ſchwingen
muthig,
Sey uns genugſam.

Dieser erhöhe diamantne Wände,
Oder dem Sipylus *) entrissne Säulen,
Die ein Minirer, ohne den Kocyt zu
    Öffnen, nicht umstürzt.

Reicher in Saba's Wäldern wohnt der
    Vogel,
Den aus der Urne Phöbus selbst erwecket;
Reicher an Chrysolithen streicht im rothen
    Ganges die Barbe.

Jener mag seinen mit des Aufgangs Perlen
Prangenden Leibrock um die Lenden
    gürten;
Oder um seine stolze Schulter schnüren
    Tyrischen Purpur.

Lieblicher wechseln Philomelens helle
Von der Natur mit Blut besprengte Flügel;
    Schö-

---

*) Sipylus, ein Gebirge zwischen Lydien und
 Phrygien.

Schöner gemahlt sind Rücken, Brust und
Bauch des
Thracischen Luchses.

Thiere bekleiden uns: der Rock des Bibers
Wärmt uns die Seiten; Hermelin und
Marder
Schmücken das blaue Sammetgewand mit
einem
Prächtigen Ausschlag.

Göttliche Tugend, du nur unterscheidest
Menschen von Thieren, und ein Geist,
gerüstet,
Sich wie ein Adler zu der Götter hohen
Sitzen zu schwingen.

DER GARTEN.

Was erblick' ich? — Eine Wüste,
In Alcinous Garten verwandelt!
Bäume, Bäche, Hügel gehorchen
Den Gesetzen schlauer Kunst.
Deine tausendfachen Schätze
Zwingen die versammelten Welte,
Hier zu weilen, Mutter Natur!

Welchem guten Dämon hab' ich
Diese schnellen Wunder zu danken?
Wie? entwarf uns Cytherea
Ihrer ersten Gärten Plan?
Seh' ich hier ein Werk Minervens:
Der des attischen Lyceums,
Ahornwald so heilig war?
Oder bautest du, Asträa,
Seit du aus den Städten flohest,
Diese Wüsteneyen an?

Flora

Flora von dem Griechen und Römer
Einst gekleidet ohne Geschmack,
Ward auf diese Gestade versetzet,
Und durch göttliche Hände verschönt.
Holde Blühmen, euch zu ordnen,
Wurdet ihr in Beete vertheilet,
Und mit niedrigem Buxe gekränzt.
Grüne, lebende Teppiche stellen
Eure bunten Farben den Augen
Als ein reiches Schauspiel dar.

Hier nur wenige Tage zu leben,
Wird der blasse Narcissus geboren,
Sich noch schämend ob des Eigensinnes
Seiner kindischen Liebesgluth.
Das demüthige Veilchen suchet,
Phöbus Anblick zu vermeiden,
Dunkler Thäler Aufenthalt.
Lasst Gesträuche, gleich Gardinen,
Seine sittsamen Reize verhüllen,
Sein Geruch verräth es doch.

Auf

Auf dem hohen Strauche thronend
Herrscht die Ros' als Königinn;
Vormahls eine Amazone,
Die Kupido nie bezwang.
Ihre mehr als menschlichen Reize
Vor Entführung zu beschützen,
Wachten tausend Trabanten um sie.
Jetzo scheinen diese Starken
In den Dörnern noch zu leben,
Noch von ihr geliebt zu seyn.

Edler Schmuck und Stolz des Frühlings,
Strahlenreiche Nelcken, schimmert!
Argus hundert Augen seh' ich
Unter eurer holden Figur.
Im Olymp entsprosne Lilje,
Mit der Milch der Amalthea
Und Ambrosia genährt,
Theile deine Sommerherrschaft
Mit dem purpurbekleideten Mohne,
Der den Schlafgott in sich schließt.

Für

Für den Götteraltar flechte
Hier Sophronia Bluhmengehenke:
Ihre freudenreichen Bankete
Schmücke Hebe selbst damit.
An gelinder Gluth zerfliessend
Fallt, wie Thränen Aurorens, ihr Bluhmen,
Auf die Haare Cypriens!
Muntre Bienen, ziehet aus ihnen
Jene göttliche Nektarströme,
Die Virgil so schön besang.

Treu verliebt in die Kamönen,
Lasst uns Schattenhaine suchen.
Hier erhören diese Feyen,
Minder eigensinnig, uns.
Sah nicht in Tiburs Gebüschen,
Ohne Gürtel, mit Rosen gekränzet,
Flaccus Amathusien oft?
Sprossen nicht dem Flaccus der Sprea
Noch in Lauben Pierische Bluhmen,
Die kein Wintersturm besiegt?

Eiche,

Eiche, Riese der Wälder, erscheine,
Platz in unsern Gärten zu nehmen.
Deine ländliche Frucht erneuert
Die Vergnügen der goldenen Zeit.
O glückselige Jugend der Erde,
Als weissagend deine Zweige
Noch den Völkern redeten;
Und dein Laub im kriegrischen Rom
Der erhabensten Vaterlandsliebe
Reizende Belohnung war!

Hundertarmige Buchen beschirmen,
Wie ein Wall, den geraumen Spaziergang.
Ihre langen, sich gleichende Reihen
Täuschen, ergetzen, ermüden den Blick.
In phantastischer Ordnung sich kreuzend,
Ziehn sie, zuweilen uns irre zu führen,
Ein minoisches Labyrinth.
Ihre vom Amor beschriebene Rinde
Öffnet, ewig mit ihnen zu wachsen,
Sich verliebten Nahmen gern.

Welche glänzenden Schattengezelte
Von Jasmin und duftendem Geißblatt!
Ihre verbreiteten Zweige verwickeln
Unter unsern Händen sich.
Wie, am Rahmen sitzend, Arachne
Seide, Gold und Purpurwolle
Durch geschränkte Fäden zog:
Seht, so bilden geschmeidige Reben,
Durch ein Lattenwerk geschlungen,
Prächtige Siegesbogen hier!

Glückliches Tempe von Glaudata, *)
Sanfte Geburtsstadt favonischer Winde,
Wo der Wanderer mit Erstaunen
Durch Orangenwälder schleicht!
Ihre sträußertragenden Zweige,
Ihre kronenbeladenen Wipfel
Wölben Laüben und Alleen.
Schade, daß ihr edles Geschlecht,

Auf

---

*) In der Provence.

Auf Germaniens Ufer verpflanzet,
Nur mit den Pygmäen kriecht!

Einen Schäfer am Tagus geboren,
Und im Bette deſſelben ertrunken,
Schufen mitleidsvolle Nymphen
Zum Zitronenbaum hier um.
Rinde bedeckte ſeine Schöne;
Seine mit Zähren beträpfelten Locken
Wurden zuſehns bittres Laub.
Aus dem Golde, von ihm in den Fluthen
Eingeſogen, entſprang in kurzem
Dieſe köſtliche ſüſse Frucht.

Amorn ſeh ich, hinter den ſchönen
Blühenden Myrtenbüſchen verborgen.
Alle Kränze, die er pflücket,
Krönen junge Liebende.
Grünet freudiger zum Himmel,
Lorbern, unſrer jungen Achille
Würdiger erwünſchter Lohn!

Dann

Dann nur, wenn euch falschem Verdienste
Schmeichelnde Hände zu brechen erkühnen,
Keusche Lorbern, grünet nicht!

Lasst die fliessende Kryftallen,
Gütige Najaden, strömen!
Wälzt von rauschenden Kaskaden,
Drängt durch lange Kanäle sie!
Fern von euch muſs Flora schmachten;
Fern von eurem holden Geschwätze
Schlummern die Dryaden ein.
Breitet über diese Gefilde
Einen Balsamthau, worüber
Selbst der Himmel neidisch sey!

Welch ein allerliebstes Nymphäum. *)
Darf ich, Ermüdeter, hier mich erfrischen,
Wo

---

*) Nympharum ludicrum: Hamadryades Deae ludicrum sibi roscido nutriunt humore. *Catullus.*
S. die Griech. Anthol. des Planudes, auf ein Bad zu Smyrna Bl. 334 nach der Ausgabe des Henr. Stephanus von 1566.

(II. Theil.)   K

Wo die Mutter der Wolluſt ſich badet,
Und das Geheimniſs die Pforte bewacht?
Nein! der Ort iſt viel zu heilig,
Nicht unſterbliche Glieder zu waſchen;
Und die Grazien wohnen darin.
Ihnen entführte die himmliſchen Kleider,
Als ſie ſich badeten, Amor. Jezt ſchämen
Sie ſich nackend herauszugehn.

DIE

DIE FREMDE.

Diese Nymphe, die wir ehren,
Kam vom stillen Okkarus,
Alle Herzen zu bethören,
Und ihr Anblick ist Genuſs.
Sie zu lieben kann kein Schluſs
Aller Götter uns verwehren.
Wer es lassen soll, der müſs
Sie nicht sehen, sie nicht hören.

ALCIMADURE.
Eine Idylle.

Alcimadure war schön, doch von hartem Sinn;
Jung, aber Amorn feind. Wild sprang die Schäferinn
Umher auf den beblühmten Fluren,
Gleich einem Füllen an dem Bach.
Oft folgte sie der Hirsche Spuren
Beym Morgenthau in dunkeln Wäldern nach.
Sie war Dianen gleich, die Liebenden zu fliehen,
Sie war Cytheren gleich, sie stets sich nachzuziehen.
Auch Daphnis liebte sie, wie Pollux feuerreich,
An Bildung dem Adonis gleich.
Allein sie würdiger' ihn nicht, ihn anzublicken,

Ihn

Ihn durch ein gütig Wort, ein Lächeln
zu beglücken.
Wohin er kömmt, da ist sie nie,
Und ist sie da, so fliehet sie.
Je brünstiger er liebt, je mehr scheint sie
zu hassen.

Der Arme will sich izt dem Schicksal
überlassen;
Sein Leben mehret seine Noth,
Sein Wunsch, sein Glück ist ein geschwin-
der Tod.
Noch Einen Blick von ihr, und dann
will er erblassen.

Er schleppt den matten Leib vor der
Tyranninn Haus,
Ächzt vor der Schwelle laut, netzt sie mit
tausend Zähren:
Doch nur die Winde sinds, die hier ihn
girren hören;

Er klopft, und niemand sieht heraus,
Sie sitzt umringt von lachenden Gespielen,
Und höhnet Amors Pfeil und allgemeine Macht.
Man sieht sie mit der Hand in einem Körbchen wühlen,
Worin ein duftend Heer von Frühlingsbluhmen lacht,
Die sie vom Stiel mit zarten Fingern pflücket,
Und ihre Brust damit und ihre Locken schmücket.

„Alcimadure!" rief der Schäfer weinend aus,
„Wie wünsch' ich mir das Glück von deinem Bluhmenstrauſs!
„Wie wünsch' ich, darf ich nicht vor deinen Augen leben,
„Zum mindsten meinen Geist vor ihnen aufzugeben!
„Ich

„ Ich war dir lebend eine Laſt,
„ Bin ich dir auch im Tode noch verhaſst?
„ Ja! du miſsgönneſt mir das traurige
Ergetzen,
„ An deiner Göttlichkeit mich ſterbend
noch zu letzen.
„ Ach! nimm zum wenigſten, wenn ich
nun nicht mehr bin,
„ Mein Hab' und Gut, Hund, Heerd'
und Wieſen hin!
„ Mein alter Vater ſoll auf dieſen deinen
Triften,
„ Wann ich geſtorben bin, dir einen
Tempel ſtiften,
„ In deſſen Mitte ſich ein Marmor ſtolz
erhöht,
„ Auf dem dein himmliſch Bild, bekränzt
mit Bluhmen, ſteht.
„ Vielleicht wird da mein Geiſt dir noch
vor Augen ſchweben,

K 4 „ Da

„ Da feufzeſt du vielleicht auf der ver-
waiſten Trift:
„ Ach Daphnis! wärſt du noch am Leben!
„ Wenn du mein Grabmahl ſiehſt mit die-
ſer Überſchrift:
Hier, Wanderer, ſteh weinend ſtille!
Hier kam, aus Liebe, Daphnis um.
Es war der grauſamen Alcimadure Wille ‒ ‒

Bey dieſem Wort rührt ihn der Stahl
der Parzen an;
Des Todes ſchwarze Nacht deckt ſeine
Augenlieder;
Sein matter Geiſt verläſst ſo flüchtig ſeine
Glieder,
Daſs er die Schäferinn nur halb noch nen-
nen kann.

Was that die Grauſame? Sie geht aus
ihrer Hütte,
Gleich einer jungen Braut an ihrem Feſt
geſchmückt.

Man

Man zeigt ihr Daphnis Leib, erzählt ihr,
wie er litte,
Wie er erblaſſend noch verliebt nach ihr
geblickt.
Man fleht sie, nur mit wenig Zähren
Ihr Mitleid kund zu thun und sein Gebein zu ehren.

Umsonst. Sie schweigt, und eilt mit
ihrer Schaar davon
Zum Tempel Amors hin, spricht Amorn
da noch Hohn,
Und tanzet um sein Bild mit spöttischer
Geberde:
Das Bildniſs schwankt, stürzt um, und
schmettert sie zur Erde;
Und eine Stimm' erschallt, und wiederschallt umher:
Nun liebe jedermann, die Spröde lebt
nicht mehr!

Sie steigt zum Styx hinab und sieht
auf stillen Matten,
Wo Lethe langsam wallt, des frommen
Schäfers Schatten.
Sie staunet, find ihn schön, wird bitter-
lich betrübt,
Daß sie ihn lebend nicht geliebt, —
„ Ach Daphnis!" ruft sie laut, mit aus-
gestreckten Armen,
„ Du buhltest um mein Herz,
„ Warst meines Herzens werth; und doch,
o bittrer Schmerz!
„ Hab' ich dir dieses Herz versagt, dich
ohn' Erbarmen
„ Ins Grab gestürzt. Empfang' es noch,
von mir,
„ O Schönster! Laß die Zähren dir,
„ Die meine Wangen netzen,
„ Laß tausend Küsse dir die Grausamkeit
ersetzen!"

Sie

Sie schwieg, und fuhr zu weinen fort.
Er aber nahm, voll Ernst, das Wort:
„ Das Angedenken jener Stunden,
„ Die ich durchlebt, ist schon verschwun-
den,
„ Ob ich dich da geliebt, das ist mir
unbekannt:
„ Izt, weiß ich, lieb' ich nicht. Aus die-
sen stillen Gründen
„ Hat Jupiter den Quell der Thränen und
der Sünden,
„ Die süße Raserey der Liebe, längst
verbannt;
„ Kein Frommer ist hier mehr, wie vor-
mahls, Amors Sklave.
„ Wenn ja noch jemand liebt,
„ So liebt er ungeliebt, o Schäferinn!
zur Strafe,
„ Daß er auf Erden nicht geliebt,"

Er

Er sprachs, und wandte sich hinweg, und
 ließ sie stehen. —
Ihr Götter! soll es einst Elviren so er-
 gehen?

OFTMAHLIGES HEURATHEN.

Tritt man das erstemahl in Hymens Tem-
 pel ein,
Und nimmt sich eine Frau, so ist es zu
 verzeihn.
Man wird als Wagehals bewundert,
Tritt man zum zweitenmahl hinein.
Wer sich die dritte freyt, verdient zur
 Strafe hundert.

DIE

DIE HARMONIE IN DER EHE.

O wunderbare Harmonie!
Was er will, will auch sie:
Er bechert gern, sie auch;
Er lombert gern, sie auch;
Er hat den Beutel gern,
Und spielet gern den Herrn,
Auch das ist ihr Gebrauch.
O wunderbare Harmonie!
Was er will, will auch sie.

TRAURIGES ANDENKEN.

Diess ist der schöne Hain, wo meine Henriette
Die Blühmchen oft, indem sie gieng, zerknickt.
Diess ist die weiche Lagerstätte,
Wo ihr Gesang die Götter oft entzückt.

Diess

Dieß ist das blaue Veilchenbette,
Wo mich so oft ihr Kuſs beglückt,
Und ich sie oft ans Herz gedrückt,
Als ob ich nichts zu fürchten hätte.
Auf dieser Bank von Sammt, in diesem
Kabinette
Band ich, ihr Bräutigam, ihr einst den
Gürtel los;
Und hier sank sie — entseelt in meinen
Schoofs,
Gleich einem zarten Lamm, umhängt mit
Bluhmenranken.

Die Liebe legt, so gut sie kann,
Aus diesem Stoff süſsbitterer Gedanken
Das Angstgewebe meines Lebens an.

AUF HAGEDORNS TOD.

Dein Abschied, Thyrsis, schlägt die
deutsche Dichtkunst nieder.
Die Anmuth, deine Braut,
Die Scherze, deine Brüder,
Und Phantasus, dein Freund, vergessen
ihre Lieder,
Und seufzen überlaut:
Dein Abschied, Thyrsis, schlägt die
deutsche Dichtkunst nieder.
Die junge Harmonie,
Durch dich so schön gepflegt, schleppt
ihre zarten Glieder
Und niedliches Gefieder
Beschmuzt durch Thau und Gras, und kla-
get spät und früh:
Dein Abschied, Thyrsis, schlägt die
deutsche Dichtkunst nieder.
Empfindung und Natur, Geschmack und
Ebenmaaß

Ent-

Entfliehn mit Amorn vom Parnaß.
Schwulst, Schulgelehrsamkeit und steife
Kunst sizt wieder,
Wo deine Venus saß.
Dein Abschied, Thyrsis, schlägt die
deutsche Dichtkunst nieder.

VON DER FREUDE.

Sage, sprach ich, holde Freude,
Sage doch, was fliehst du so?
Hat man dich, so fliehst du wieder;
Niemahls wird man deiner froh.

Danke, sprach sie, dem Verhängniß!
Alle Götter lieben mich:
Wenn ich ohne Flügel wäre,
Sie behielten mich für sich.

DER WAWAU. *)

Zur goldnen Zeit, da man in Einfalt liebte,
Und unschuldvoll die junge Schäferinn
Dem Schäfer noch das Wasser niemahls trübte,
Sprach Venus Sohn wehmüthig zum Jupin:
Es geht mir nicht nach Wunsch; mein Ruhm ist hin.
Wohin ich izt nur Pfeil und Bogen kehre,
Ergiebt man sich ohn' allen Eigensinn;
Nie sträubt man sich, man weinet keine Zähre;

Dem

---

*) Ein Schreckgespenst, womit man jemand zu fürchten macht, ein Wort, das in einigen Provinzen Deutschlands ganz gemein ist, und seine Bedeutung schon durch den Ton zu verrathen scheint. An einigen Orten gebraucht man dafür das Wort Popanz.

Dem Lamme gleich ist man mir unterthan.
Ich wünschte wohl, daſs man es minder wäre,
Weil ohne Kampf kein Sieg gefallen kann.

Ihn ſah Jupin mit groſsen Augen an,
Bedachte ſich, erſchuf alsbald die Ehre:
Ein ſchönes Weib, doch trotzig, wie Megäre,
So ſtolz und grauſam, als ein Janitſchar.
Kaum ſiehet ſie der ausgelaſsne Knabe,
So lacht er, hüpft und ſchüttelt froh das Haar,
Und ſpricht: Jupin, ich danke dir! ich habe
Den WAWAU nun, der mir vonnöthen war.

ÜBER-

ÜBERSENDUNG.

Graufames Kind, liebreizend wie Cythere,
Du fchreckeſt mich mit diefem WAWAU noch;
Allein Geduld! am Ende fieg' ich doch.
Die Ehr' erfchuf Jupin zu Amors Ehre.

AUF EINE SCHÖNE GEGEND.

Holde Thäler, wolluftreiche Gärten,
Reine Quellen, gleich der Mufenquelle,
Kühle Schatten, gleich des Helikones,
Recht erschaffen, dichterisch zu träumen!
Göttliche Geftade diefer Infel,
Welche Schätze tragt ihr nicht im Schoofse!
Städte find der Anfenthalt des Stolzes,
Und der Sorgen und der Leidenfchaften;
Aber euch bewohnen wahrer Friede,
Luft, Genufs der Luft, und Glück ohn'
    Ende.
Deine Freuden, angenehmes Tempe!
Sind voll Einfalt, ohne Prunk und Schim-
    mer,
Nie von Reue, nie von Furcht getrübet,
Stets willkommen, wenn fie wiederkom-
    men.

AUF DIE GEBURT SEINES ERSTEN NEFFEN FRIEDERICH.

O! ich kannte dich schon,
Erstgeborner der Götze!
Eh du hienieden erschienst.
Damahls kannt' ich dich schon,
Als der Vater der Menschen
Dein atomisches Seelchen
Aus dem goldnen Behältniss
Eines Schächtelchens zog,
Auf den purpurnen Zipfel
Seines gestirnten Gewandes
Sanft es setzete,
An der Schönheit von ihm
Seine Augen zu weiden,
Worin herzliche Liebe
Sichtbar lächelte.
Ja, da kannt' ich dich, Friedrich.
O! wie warst du so klein!

Wie die beflügelte Bluhme,
Wie der Schmetterling, klein;
Aber leuchtend von Glanz,
Und durch Unschuld verklärt!

Schönste! begann er zu singen
In der Sprache des Himmels,
Schönste menschlicher Seelen,
Im glückseligen Laufe
Goldner Stunden geboren!
Flamme meines Altars!
Hauch von meinem Hauche!
Liebenswürdiges Kind,
Zur Beglückung der Erde
Von dem Schicksal erlesen!
Wandre, nach deiner Bestimmung,
In die glänzende Kugel,
Die an Ketten von Silber
Zwischen Sonnen dort hängt,
Meiner Schöpfungen Meisterstück;

Und

Und allda begrüſse
Deinen Gatten, den Körper,
Den getreuen Gehülfen,
Ohne welchen du nie
Bey holdſeliger Freunde
Engen Umhalſungen fühlſt,
Wenn ſie in friedſamen Lauben,
Weil ſie dich tugendhaft ſehn,
Zärtlich weinend zerflieſsen.
O! wie wirſt du mit ihm,
Deinem ſterblichen Gatten,
Du Unſterbliche,
Himmliſche Kinder erzielen,
Cherubin'ſche Gedanken,
Jeder ſchön, wie die Tugend,
Jeder der Ewigkeit werth!
Eile denn, ihn zu beleben,
Eile! ſchon hüpfet der Erdkreis,
Göttliche, dich zu empfangen;
Schon eröffnen des Himmels

Goldene Pforten sich dir
In harmonischen Angeln.
Weine, Göttliche, nicht!
Ich verbleibe dein Vater;
Und dein Vaterland ruft dich,
Nach vollendeten Reisen,
Triumphirend zurück.

Also sagte der Höchste,
Und liebkos'te dein Seelchen,
Sein allmächtiges Werk.

Friedrich, dich ehre die Erde,
Denn du kamst ihr vom Himmel.
Holde Abendwinde,
Helft mir, helft mir ihn ehren!
Rauscht, Kundschafter der Hügel,
Ihn zu vergnügen, herbey!
Träge, wollt ihr nicht rauschen?
Träge, schämt ihr euch nicht,
Bis zur hellen Mittagsstunde

Süße

Süße Schlummer zu schlummern,
Ohne die eurer Obhut
Anvertraueten Schönen,
Jene purpurne Blühmchen,
Eh sie die Wangen verbrennen,
Eh sie sterben vor Liebe,
Säuselnd zu kühlen, zu küssen?
Geht, sie warten auf euch,
Hüter der Auen und Wälder! — —
Nein! sie nicken noch alle;
Alle beherrscht noch der Zepter
Des sanftzwingenden Schlafs.
Denn wer schläft nicht ein,
Wo die Liebe fehlt?
Eilet! sie zu erwecken!
Weckt sie mit leisem Gemurmel,
Mit verliebtem Geseufz
Auf den Triften, in Wäldern
Und im Rosenthal auf!

Und ihr, Söhne des Äthers,
Die der Höchste zur Wache
Meinem Friedrich beſtimmt,
Reine Geiſterchen;
Deren Fittiche
Von Ambroſia thauen,
Höret meine Befehle,
Weil ich ein Dichter bin!
Eure ſilbernen Harfen,
Die Geſchenke des Himmels,
Hängt an Myrtenäſte;
Schürzt eilfertig euch auf,
Und verfolgt die Spuren
Meiner Abendwinde;
Süſs gewürzte Gerüche
Werden euch ſolche verrathen;
Und was dieſe für Bluhmen
Lieblich ſchüttelnd erwecken,
Die ſchleppt alle mit Körbchen,
Oder in Hütchen und Schürzen,

Noch schlaftrunken, zu Hauf.
Keine laßt mir entwischen,
Die das niedliche Haupt
Unterm Kraute verstecket,
Auch verschonet es nicht,
Wenn euch noch etwan im Thale
Ein vestalisches Veilchen
In der Irre begegnet,
Das der eilende Lenz
Auf dem Wege verzettelte,
Als der zornige Sommer
Mit der feurigen Geißel
Ihn vom Felde vertrieb.
Und aus solcher Blumen
Duftenden Schätzen
Bettet nun, wenn ihr zurückkommt,
Meinem kleinen Geliebten
Ein bequemliches Lager
Von sanft schwellenden Rosen,
Aber leset zuvor

Alle

Alle Dornen heraus.
Oder wißt ihr was beſſers?
Macht es ihm lieber von Blättern
Zärtlicher Lilien,
Wohl durchhaucht vom Athem des Weſt-
     winds,
Und beſprizt mit wohlriechenden Waſſern,
Gleich den Waſſern vom Himmel,
Die der Morgenröthe.
Über die niedlichen Finger
Tropfenweis triefen,
Wann ſie mit goldenem Schlüſſel
Morgens die Kammer der Sonne
Schamhaft lächelnd entſchließt.

Ich, ihr holdeſten Engel,
Will die roſichten Glieder
Unterdeſſen bewachen,
Daß kein kühnes Lüftchen
Sie berühre;

       Daß

Daß kein Sonnenstrahl
Die milchfarbenen Wangen
Meines Lieblings küsse.
Niemand aufser mir
Soll sie küssen.
Aber so bald ihr am Abend
Süs beladen zurückkommt,
Rüstig will ich euch dann
Aus den Kindern der Flora
Sträuße, Kränze, Ketten,
Winden helfen,
Und mit diesen hell funkelnden Sträusen
Ihn, die lieblichste Bluhme,
In dem Garten der Welt,
Lieblich bewerfen,
Und mit diesen wollüstigen Kränzen
Ihn, die Krone der Knaben,
Reizend bekrönen;
Und mit diesen süs duftenden Ketten
Ihn, den Sklaven der Tugend,

Freund-

Freundlich umwinden,
Und ihn ganz, — o lieblicher Tod! —
Unter Rosen begraben;
Bis die Weste sich kühlen,
Bis er die niedlichen Händchen
Aus dem gewürzeten Grabe,
Aus der Rosengruft streckt,
Und vor Freude zittert,
Und vor Wollust lacht,
Daß er so lieblich geruht,
Unter den Bluhmen geruht.
Himmel! wie wird er sich freuen!
Himmel! — — — Aber, o seht!
Unterdessen ich singe,
Schleicht ein artiger Schlaf
Mit beaugtem Gefieder
Hinter jenen Orangen
Auf den Zehen hervor,
Breitet sein magisches Netzchen
Über ihn, und er entschläft.

Schlaf-

Schlaf', o treflicher Knabe,
Engel unter den Menschen!
Denn Gott wachet für dich;
Schlafe ruhig! — — Und du,
Junge geschwätzige Leyer,
Schlaf' entlassen mit ein.

DAS EHRENFEST.

Das schöne Sträufschen zeigt, es sey dein Ehrenfest.
So sagte jüngst der West gefällig zu Themiren:
Themir' antwortete bescheiden: Lieber West!
Vergieb; ich pflückt' es nur, um mein Korsett zu zieren.
Nun gut! so ist denn heut, erwiederte der West,
Des Sträufschens Ehrenfest.

ELEGIE.
AUF DEN TOD DER FRAU L. CH. L. C.
1 7 6 3.

Geliebter Brunnen, kühle sanfte Fluth,
Wo meine Freundinn oft auf zartem Klee
geruht!
Beglückter schöner Baum, wo sie den Sitz
sich wählte,
Du, der du sie so gern mit grüner Nacht
umhüllt,
Wenn sie von Liebe mir was reizendes
erzählte!
Mit Schmerz erneur' ich euer Bild.
Bewohner dieses Rands und Kinder von
Auroren,
Oft unter ihrem Tritt aus frischem Thau
geboren,
Ihr Blumen, welche mich aufs innigste
entzückt,
Wenn sie mit euch mein Haar geschmückt!

Du stille heil'ge Luft, aus der von Amors
Bogen
In meine Brust oft kleine Pfeile flogen!
Ihr Schäfchen, unschuldvoll und rein,
wie sie! Und du,
Der Büsche Sängerinn! hört meinem Liede zu.

Wie kann genosne Lust empfindungsreiche Seelen
Mit zwiefach starker Pein, ist sie vorüber,
quälen!
Wie weint das Herz, wenn es, nach
langem Überfluss
Von Lust und Zärtlichkeit, auf einmahl
schmachten muss!
Verliehest du, o Glück, so wollustreiche
Stunden
An Doris Seite mir allein zu meiner Pein?
O! hätteft du doch nie mein Hüttchen
aufgefunden,

Sollt'

Sollt' es so frühe schon von dir verlassen seyn!
O! hätt' ich wenigstens von den Vollkommenheiten,
Die sie bekleideten, nur einen Theil gesehn,
So könnt' ich noch vielleicht die Traurigkeit bestreiten,
Da sie zusammen untergehn:
Allein ich habe nun die Waffen, die die Liebe,
Mich zu besiegen, ihr zu zahlreich anvertraut,
Die keuschen Reizungen, die tugendhaften Triebe,
Die süse Freundlichkeit in ihr vereint geschaut.
Von jeder Seltenheit ein süses Angedenken
Folgt meinem langen Gram in jede Wüste nach.

Die Wehmuth brennt vor Luſt ſich mit
  ihr zu verſenken,
Und ſchmilzt zu einem Thränenbach;
Und die Erinnrung ſagt: (ihr mögt es
  mir vergeben,
ihr, die ihr nie geliebt!) Verlaſsner!
  kannſt du leben,
Und athmeſt noch, und biſt,
Da deine Doris nicht mehr iſt?

O Doris, edle Bluhm', im Paradieſ'
  entſproſſen,
Nun durch den Tod gepflückt! Ihr,
  holde ſanfte Schaar
Freundinnen, mit ihr aufgeſchoſſen!
Erzählt, (ihr kanntet ſie) wie liebens-
  werth ſie war,
Wie huldreich ihr Gemüth, wie heilig
  ihre Sitten,
Wie voll Gefühl ihr Herz, wie gründlich
  ihr Verſtand.
           Wo-

Wohin sie gieng, da folgten ihren Schritten
Die Tugenden und Reize Hand in Hand.
Ihr Umgang, recht gemacht, die Herzen zu gewinnen,
War lebhaft, ohne Zwang, und voll Bescheidenheit.
Sie glich an Sittsamkeit und Demuth Schäferinnen,
Den Grazien an Artigkeit.
Behutsam wuste sie das alles zu vermeiden,
Was Tugend nicht erlauben kann;
Denn mit ihr trat so gar bey Luftbarkeit und Freuden
Der Wohlstand mit dem Ernst voran.

Wenn sich ihr Mund ergoß, bewunderten mit Grunde
Die Weisen ihrer Rede Schatz:
Die Überredung saß alsdann auf ihrem Munde,

Und auf der Stirne Thron nahm Gottes-
                furcht den Platz.
Der Himmel, glaub' ich, schuf aus seinen
                reinsten Flammen
Den schönen Geist, und drückt' in ihm
                sein Bildniß ab;
Er schloß in ihre Brust die Reitzungen
                zusammen,
Die er weit sparsamer den andern Schö-
                nen gab.

Izt macht Vollkommenheit sie allzu-
                früh zum Engel;
Ihr schönes Kleid fällt vor der Zeit ins Grab.
So sinkt oft eine Bluhm', ist ihr geschlan-
                ker Stengel
Zu sehr beschwert, in Staub hinab.
Um ihren Aschenkrug steht mit bethrän-
                ten Wangen
Der Mitgespielen Chor, und seufzet laut
                umher:
                        Ach!

Ach! alle Tugenden sind mit ihr heim
gegangen;
Wir sehn sie so vereint nicht mehr.

In melancholischen Gefilden,
Wo stumm und menschenscheu das düstre
Schweigen schleicht,
Irr' ich Verlassener gleich einem Wilden,
Und seufze meinen Schmerz, dem keine
Marter gleicht,
Dem thauenden Gestirn, das mitleidvoll
erbleicht:
Bis Titans Blicke früh der Zweige Laub
vergulden,
Und Nacht und Dämmerung dem jungen
Tage weicht.
Dann sink' ich kraftlos hin, und zeichn'
im Traum auf Steine
Verwirrt ihr holdes Bild, umarm' es still,
und weine.
Bald sch' ich es beglänzt auf einer Wolke
stehn,

Bald,

Bald, einer Dryas gleich, aus einer Eiche gehn,
Erwacht, find' ich mich zwar betrogen und alleine:
Doch immer halb erquickt, daſs ich ſie ſo geſehn.
Wenn ich das falbe Moos, worauf ich mich geſetzet,
Und meine Bruſt mit Thränen gnug genetzet
Elender! ſeufz' ich dann, das Kind der Grazien,
Die dich im Leben ſtets geliebet und ergetzet,
Entzieht dir ewig nun die Strahlen des Geſichts.
In ein ſo ſchönes Eins bisher mit dir verbunden,
Iſt ſie von dieſer Welt verſchwunden,
Und du warſt Alles und biſt Nichts.

Du spiegelheller Bach, darin sie sich besehen,
Fleuß durch die schöne Flur nun nicht mehr stolz einher;
Bleib voller Traurigkeit in deinem Laufe stehen,
Du trägst hinfort ihr Bild, das holde Bild, nicht mehr.

Du zirkelrunder Kranz gewölbter heil'ger Buchen,
Der dieses Brunnens Rand mit tausend Zweigen krönt,
Sie wird in dir nicht mehr verschwiegne Schatten suchen,
Du wirst sie, ach! nicht mehr an meine Brust gelehnt,
Und mich in ihren Armen schauen.

Du götterwerthe Trift, ihr jammerreichen Auen,
Ihr Thäler, denen sie, den Schäferstab

In ihrer schönen Hand, so oft Besuche gab,
Lasst keine Bluhmen mehr aus eurem Schooße sprießen,
Sie bricht sie doch nicht mehr, gebückt zu ihren Füßen,
Mich liebreich zu bekränzen, ab.
Du Zeuginn meines Glücks und Zeuginn meiner Zähren,
O Hütte, die mir sonst der Liebe Tempel war,
Nun ach! ein blutiger Altar,
Nie wirst du sie forthin holdselig singen hören.
Verwaiste Hütte, düstre Flur,
Sie singt izt in des Himmels Chören,
Wo sie ur Engel singen hören,
Und du hörst meine Klagen nur.

AUF ROMS WEIT VERBREITETE EROBERUNGEN.

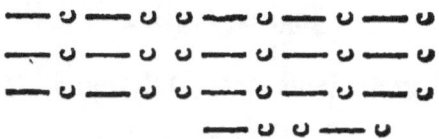

Sag', o Klio, Beherrſcherinn der Lieder
Und der Zyther! wo, ſchwanger von
Gerüchten,
Fama liegt in gelehrter Grott', im weichen
Arme des Morpheus.

Heiſs ſie, eilend (.du kennſt den ſtillen
Ort ja!)
Der lethäiſchen Dünſte Kreis durchbrechen,
Mit dem roſichten Finger ſich den Schlaf
vom
Auge verjagen,

Auf den goldenen Wagen Titans ſteigen,
Über die geflügelten Purpurhengſte
Friſch

Frisch die thespischen Zügel schütteln,
und dem
Jupiter sagen:

Herr! verschleuss des Olympus Thor!
Verwahre
Schnell die heilige höchste Burg! denn
Rom hat
Erd' und Meer im Besitz, und sucht
nun offne
Wege zum Himmel.

AN DIE SONNE.

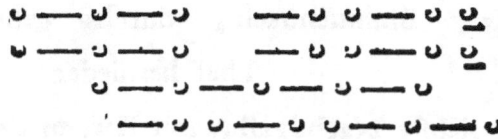

O fleuch, du Gott des Tages! be-
    schleunige
Die Brautnacht, welche Still' und Geheim-
    niſs liebt!
Damit Theone mich beglücke,
    Darf nur die Fackel der Liebe
        glänzen.

Was will dein Wagen? Stürz' in den
    Ocean!
Vergiſs, vergiſs in Thetis Umarmung dich!
Verlängre diese Nacht, der keiner
    Deiner glückseligsten Tage gleichet!

DIE SÄNGERINN IM WALDE.

Fleuß, Bluhmenbach, durchs grüne Thal hernieder;
Halt, liebste Nachtigall, mit Klagen ein;
Schweigt, kühle Abendwind', Aurorens Kinder:
Denn meine Doris singt in diesem Hain.

An allen Hügeln, die sich schöner schmücken,
An der geliebten Stimme Melodie,
An meines Herzens wachsendem Entzücken
Und sanften süsen Schmerzen kenn' ich sie.

AN DIE MYRTO.

Myrto, was verehrt dir dein Chariton?
Womit feyert er diesen Tag im Jahr?
Hätt' ich Land und Volk, oder einen Thron,
Brächt' ich sie dir gern zum Geschenke dar!

Ich bin ganz beschämt, ich bin ganz betrübt!
Armuth ist mein Loos, nimmt mir allen Muth.
Schenkt' ich dir mein Herz, das so zärtlich liebt,
Ach! so gäb' ich dir nur dein eignes Gut.

DER LIEBESBLICK.

AN DIE FANNIA.

Ueberdrüfsig einer Tugend,
Die das Leben traurig macht,
Dacht' ich an den Lenz der Jugend,
Den ich liebend zugebracht:
„ Ist die Fröhlichkeit verschwunden,
„ Die mein Herz so gern erneut?
„ Endigen sich meine Stunden
„ Nun in Gram und Traurigkeit?

Schnell erblickt' ich — ob im Traume,
Fannia, das weifs ich nicht, —
Amorn unter einem Baume;
Lächelnd rief er: Traure nicht!
Wisse, Lykon, deine Schmerzen
Sind schon ihrem Ende nah:
Ich verspreche deinem Herzen
Einen Blick der Fannia.

.WITZ

WITZ UND SCHÖNHEIT.

An Äglen.

Und fehlten dir der Schönheit holde
　　　　　Gaben,
So machte mich dein feltner Geift beglückt;
Auch dürfteft du fo feinen Geift nicht
　　　　　haben,
Mich hätte doch der Glieder Reiz entzückt.
Den feinen Geift, die reizende Geftalt
Werd' ich fo fchön vereint nie wieder finden,
Auch du verlierft die doppelte Gewalt,
Den Freund, der beide liebt, dir zu
　　　　　verbinden.
Drum rath' ich dir: Ach! Ägle, lieb'
　　　　　ihn bald!

AN OLYMPEN.

Hätt' ich eine Monarchie,
Herzen kauft' ich mir für sie.
Dieses ist das reinste Glück
Für ein tugendhaft Gemüth:
Daß es sich geliebet sieht,
Daß es Herzen an sich zieht.
Erbt' ich aber vom Geschick,
Wie Trajan und Antonin,
Diesen Weltkreis: gäb' ich ihn
Dennoch jeden Augenblick
Für ein Herz wie deines hin.

AN EINEN TAGELÖHNER.
(Aus einer griechischen Handschrift zu Mannheim.)

Sey gutes Muthes,
Mühseliger Tagelöhner,
Schaufle geduldig
Die dürre Heide;

End-

Endlich gelangſt du zur Ruh.
Des Kocytus Geſtad' iſt allen
Ein gemeiner Port.
Die grofsen Kriegesdonner,
Und Bezwinger der Erde
Hüpfen, als leichte
Geſchmächtige Schatten,
Als Blätter von Winden getrieben,
Einſt am Lethe, wie du.
Deines ſtolzen Dynaſten
Purpurmantel und Schwert
Gilt dann in Rhadamanthus Augen
Weniger, als dein Kittel,
Und deine nutzbare Haue.

AUF EINEN BESUCH,

DEN EIN KRANKER SEIT EINIGER ZEIT VERGEBENS ERWARTETE.

Aegle! kömmst du denn nicht, du, der ich lebe,
Die mich einzig der Wehmuth noch entrissen,
Mich mit einem holdseligen Lächeln, mich mit
Einem freundlichen Wörtchen heilen könnte!
Krankheit, leider! ist nicht mein gröfstes Leiden!
Ach! Entfernung von dir ist gröfsres Leiden!
Ägle! du bist allein, was ich gedenke,
Was ich wünsche, wornach mein Herz sich sehnet:
Du

Du die heimliche Quelle meiner Wehmuth!
Drum besuche mich! Prüf' an mir die
Stärke
Deiner Reizungen! — Wenn ich dann
noch leide:
Dann bestrafe mich graufam: dann ent-
fliehe!

ALEXIS VON SEINER GELIEBTEN.

Sie schließet alle meine Triebe
In ihren Zauberzirkel ein;
Umstrickt mit Banden ihrer Liebe,
Folg' ich nur ihr, denk' ich nur sie,
kann ich allein
Bey ihrem Leiden leiden,
Und fröhlich seyn bey ihren Freuden.

AN SILVIUS.

Dem Herrn E. F. z. M. gewidmet.

Unter seines Hauptes Lilgen, liebster Sylvius, erkennet
Dein betrogner Freund der Städte Labyrinth, wo mit Gefahr,
Im Tumult der Leidenschaften einer an den andern rennet,
Und er bald ein Spiel der Liebe, bald ein Spiel des Glückes war.

Izt verdank' ich es dem Himmel, der auf mich voll Mitleid schaute,
Daſs ich, weit vom Lärm der Hallen und der Gaſſen Finſterniſs,
Die Gefilde wieder sehe, die mein Ältervater baute.
Denen mich der Jugend Thorheit, eh' ich sie gekannt, entriſs.

Offenherzig, wie ein Wilder, unabhängig, wie ein König,
Fröhlich, wie ein Schäfer, ruhig, wie sein Schäfchen, leb' ich hier;
Frage nach des Volkes Drohen, und des Höflings Ränken wenig;
Meine Wache sind die Felsen und der Himmel über mir.

Alles athmet Gift bey Höfen; alles ist Betrug der Sinnen;
Doch will, eh' er stirbt, der Weise gerne noch die Wahrheit sehn.
Hier gedenk' ich sie zu finden, wo Natur und Schäferinnen
Ungeschmückt, in eigner Schöne, reich an eignen Schätzen, gehn.

Da den Schaden zu bemerken, den die Zeit mir zugefüget,
Zieh' ich dunkler Bäche Spiegel, und die Quellen oft zu Rath.

Meine Runzeln sind mein Lehrer, der nicht
schmeichelt oder lüget;
Sie gewöhnen mich an Schrecken, die die
Nacht des Grabes hat.

Ruft ein kleiner Rest von Schwachheit
bey dem Anblick holder Matten
Manchmahl zärtliche Begierden wiederum
in meine Brust,
O so spiel' ich, trotz des Alters Lehren,
noch im Myrtenschatten,
Und erhasch' am Saum des Grabes noch
erlaubte Jugendlust.

Rheens Kind, die Einfalt, liebet diese
unschuldvollen Wälder;
Ohne Zwang bewohnt sie solche, wie zur
alten goldnen Zeit.
Keine Runde, keine Wache schüzt die
Äpfel unsrer Felder;
Ihre Sicherheit beruhet nur auf unsrer
Redlichkeit.

Nie

Nie verschönern Gold und Marmor un-
　　　sre Brunnen oder Quellen;
Nein! ihr ächter Schmuck sind Muscheln,
　　　junge Bluhmen, zartes Moos;
Und auf ihrem Rande sitzen, sorglos unter
　　　grünen Bellen, *)
Seladon und Amaryllis, eines auf des
　　　andern Schoofs.

Meine frohe Muse weih' ich ganz den
　　　süfsen Kastalinnen;
Diese zeigen mit dem Finger, oft um
　　　Mittag ohne Flor,
Mir Cytheren in dem Bade, mit den schö-
　　　nen Huldgöttinnen;
Oder tanzend bey dem Mondschein Nachts
　　　der Oreaden Chor.

---

*) Eine Gattung schöner hohen Bäume, die in
　wasserreichen Gegenden wohl fortkommen.

Ob auch gleich das Eis des Alters meine Phantasie verdunkelt,
Die sich in des Reimes Kerker nicht mehr gerne sperren läſst:
Haucht doch noch aus meinen Liedern, welche sonſt von Witz gefunkelt,
Von Vernunft und feinen Sitten ein beliebter Überreſt.

Oft, wenn mich der Muſe Träume mehr ermüdet, als erquicket,
Unterſuch' ich, wie die Jahrszeit, an den Zirkellauf gewöhnt,
Nach des trägen Winters Ruhe bald die Flur mit Bluhmen ſticket,
Bald mit Ceres goldnen Schätzen, bald mit Obſt und Trauben krönt.

Voll Verwundrung grüſs' ich Mittags in der diamantnen Krone,
Ihrem Hochzeitſchmuck, die Sonne, Gottes allerschönſtes Bild,

Die,

Die, noch ungewiß, ob sitzend von dem
strahlenreichen Throne,
Oder fahrend von dem Wagen, den Olymp
mit Glanz erfüllt;

Schwinge mich zulezt begeistert, auf
den Flügeln der Betrachtung,
Bis zum Wesen aller Wesen, der Geschöpfe
Herrn und Haupt;

Und begegne jener Sekte toller Weisen
mit Verachtung,
Die die Welt, durch blinden Zufall, aus
sich selbst entstanden glaubt.

So verfließen meine Tage, fern von
Neidern, Gram und Sorgen;
Sie entstehen, sie vergehen, wie ein lieb-
lich Traumgesicht.

Keines Abends Laster tödtet meine Seelen-
ruh am Morgen;
Mit der Gegenwart zufrieden, fürcht' ich
auch die Zukunft nicht.

Selig,

Selig, wer, wie Hebens Gatte, ſtark
durch Pallas Kraft, mit Füſsen
Auf den Vorurtheilen geht; ſelig, wer,
ein freyer Mann,
Wenn das Glück ihn ſchmeichelnd küſſet,
es gefällig wieder küſſen,
Und wenn es den Rücken wendet, ſeiner
Falſchheit lachen kann.

KLARISSA.

Verbergt euch doch, verbergt euch doch,
Ihr kalten Weiſen, die ihr noch
Euch gegen das ſo ſanfte Joch
Der holden Liebe ſtemmt!
Sonſt ſeyd ihr nicht in Sicherheit:
Da Schönheit, Witz und Fömmigkeit,
In aller Grazien Geleit,
Euch zu beſtreiten kömmt.

AMYNTH

AMYNTH VON SICH SELBER.

Liebliche, meiner Hut vertraute Schäfchen,
Haltet, o! haltet den Amynth entschuldigt,
Wann ihr in dieser Wildniſs euch verirret.
Bloſs mit den Reizen Sylviens beschäftigt,
Geht er mit Sorgen, wie mit Luft, umgeben.
Nicht mehr er selber ist es, der euch führet;
Amor, ein blinder Knabe, den die Thorheit
Allezeit führet, ist es, der euch führet.

AN SEINE FREUNDE.

Der göttliche Geschmack gab einst in
seinem Lande
Ein ewiges Gesetz, das stöfst kein Weiser
um:
Unmäfsigkeit im Trinken ist euch Schande,
Unmäfsigkeit im Lieben ist euch Ruhm.
Verehrt ihr nun den liebenswerthen König,
Verehrt ihr ihn, so bitt' und flehe ich:
Trinkt ihr mit mir, o Freunde, so trinkt
wenig;
Und liebt ihr mich, so liebt ohn' alle
Maafse mich. *)

*) Montagnens Freund Stephanus de la Böetie
sagt: *que celui aime peu, qui aime à la me-
sure*; und Voltaire nennt die Freundschaft:
seul mouvement de l'ame, où l'excès soit permis.

KLA-

ADELINE.

Eine feine Mine
Hat sie, wie Cyprine; 1)
Ist, wie Euphrosyne, 2)
Lauter Freundlichkeit.
So gefällt sie weit und breit;
So verdunkelt Adeline
Alle Schönen unsrer Zeit.

KLAGE.

Meine Glycera ist das treuste Mädchen,
Das auf Erden gewesen, oder seyn wird.
Unvergleichlich ist Sie mit mir zufrieden;
Unvergleichlich bin Ich mit ihr zufrieden;
Und ich wüste nicht, was ich klagen sollte,

                                          Die-

---

1) Venus.   2) Die Grazie.

Diefes Einzige, daſs wir ſchon ſo lange
Uns voll Zärtlichkeit liebten, ausgenommen.
Himmel! muſs ſich denn wider unſern
                    Willen
Wechſelſeitige Neigung ſo entzweyen!
Himmel! müſſen uns, ehe wir's verlangten,
Die Empfindungen treuer Lieb' entſchlü-
                    pfen!
Schnelle Fittige ſchenkte Zevs den Stunden;
Muſst du, zärtlicher Amor, muſst du
                    gleichfalls
Schnelle Fittige, wie die Stunden, haben?
Warum muſst du ſie haben, trauter Amor?

PAN.

PANDROSE.

Einst saſs neben mir Pandroſe;
Venus ſelber gieng vorbey,
Rühmete, wie ſchön ſie ſey.
Amor ſagte laut: Pandroſe
Iſt die Zier der Schäferey.
Aber ſie, gleich einer Roſe
Hold erröthend, hielt die Hand
Vor die Wange,
Küſste mich, und ſprach: Akanth!
Du biſt dieſer Fluren Zier;
Ich verlange
Keinem ſchön zu ſeyn, als dir.

AN EINE DAME VON HOHEM RANGE.

Für unsre Ehrfurcht, Treu' und Dienstergebenheit
Gebührt uns keine Dankbarkeit,
Wir sind sie deinem Stande schuldig!
Für die Empfindungen von einer andern Art,
Die wir in deiner Gegenwart
Erdulden, doch verschweigen müssen,
Hast du uns eher Dank zu wissen.

DER MITTAG, ABEND UND MORGEN.

Was ist so anmuthsvoll und hold?
Mich krönt bey Tag' an schweren Zweigen,
Die sich zu mir herunter neigen,
Der Pomeranzenbaum mit Gold:
Was ist so anmuthsvoll und hold?

Was

Was ist so anmuthsvoll und hold?
Des Abends seh' ich Lunen rollen,
Im Schlaf ein Mäulchen mir zu zollen,
Sonst dem Endymion *) gezollt:
Was ist so anmuthsvoll und hold?

Was ist so anmuthsvoll und hold?
Ich seh' auf ihre Purpurdecken
Des Morgens sich die Sonne strecken
So roth, als einen Trunkenbold:
Was ist so anmuthsvoll und hold?

---

*) Die keusche Diana oder Luna stieg alle Nächte vom Himmel herunter, den schlafenden Endymion zu küssen.

DER VERGNÜGSAME.

Seit mich die Huld des Geschickes
Mit weiser Einfalt versehn,
Ließ ich die Kugel des Glückes
So, wie sie rollete, gehn.

Bey kleiner Güter Genusse,
Verschmäht' ich, was mir gebrach,
Und sah dem eilenden Flusse
Der Jugendtage nicht nach.

Frey von verzehrendem Neide,
Von Unvergnügsamkeit frey,
Wußt' ich, daß heutige Freude
Ein Quell der morgenden sey.

AN DIE NACHTIGALL.

Süßeste der Nachtigallen,
Schweige! denn ich bin allein.
Ließest du dein Lied erschallen,
Scheelsucht käme bald zum Hain,
In die grüngewölbten Hallen,
Wo mir Thränen, süß und rein,
Heimlich in den Busen fallen,
Säh' es, und verrieth' es allen.
Daß mir Thränen, süß und rein,
Heimlich in den Busen fallen,
Machte mir dann lange Pein.
Glücklicher wein' ich allein,
Süßeste der Nachtigallen!

DIE WELT.

Die Welt gleicht einer Opera,
Wo jeder, der sich fühlt,
Nach seiner lieben Leidenschaft,
Freund, eine Rolle spielt.
Der Eine steigt die Bühn' hinauf
Mit einem Schäferstab;
Ein Andrer, mit dem Marschallsstab,
Sinkt, ohne Kopf, herab.
Wir armer guter Pöbel stehn
Verachtet, doch in Ruh,
Vor dieser Bühne, gähnen oft,
Und sehn der Fratze zu.
Die Kosten freilich zahlen wir
Fürs ganze Opernhaus;
Doch lachen wir, mißräth das Spiel,
Zulezt die Spieler aus.

ALS DAMON SEIN MÄDCHEN DEM SYLVIUS AUF EINIGE ZEIT IN VERWAHRUNG GAB.

(Nach Katulls 81 Sinngedicht.)

Soll dein Damon die Augen dir, ja alles,
Was ihm lieb wie die Augen ist, ver-
    danken:
So berühre nicht, was ihm wie die Augen
Lieb ist, oder noch lieber, wie die Augen.

HEINRICH DES VIERTEN ABSCHIED VON DER SCHÖNEN GABRIELLE.

(Nach einem alten Französischen Liede.)

Durchbohrt von tausend Pfeilen,
Entreiss' ich mich von dir ins Feld.
Die Ehre heisst mich eilen,
Da mich die Liebe hält.

Doch Abschied dir zu geben,
O Gabrielle, welche Pein!
Eh könnt' ich ohne Leben,
Als ohne Liebe seyn!

Empfange meine Krone,
Gerechter Tapferkeit Gewinn.
Mir schenkte sie Bellone:
Mein Herz giebt dir sie hin.
Glückselig! läſst dein König
Sein Leben einst für dich im Streit!
Doch Eines ist zu wenig
Für so viel Zärtlichkeit.

VERSCHWIEGENHEIT.

Gott des Schweigens, herrsch'! herrsch'
auf unsrer Erde!
Du warst Amors Vormund ehedem:
Schaffe, daſs er dir wieder folgsam werde!
Die verschwiegne Lieb' ist angenehm!
Wenn in edlen Herzen, welche nie ge-
glühet,
Er die schönsten Flammen freudig flackern
siehet:
So verrath' er nie Neidern ihren Schein! ..
Jene Binde, die sein Aug' umziehet:
Muſs um seinen Mund stets gewunden
seyn.

AUF DIE OHNMACHT DER FANNIA.

Die Ohnmacht nahm, nach kurzen Schmerzen,
Vor unsern Augen überhand.
All unser Blut zog sich zum Herzen;
Wir wurden weisser, als die Wand.

Mein Alkov, (alles recht zu schildern)
Schien izt ein heilig Grab von Stein,
Geziert mit schönen Marmorbildern
Von eines Adams *) Hand, zu seyn.

Man sah mit Thränen überdecket,
Versteinte Frauen um und um.
Die Reizendste lag ausgestrecket,
Die Andern standen drum herum.

---

*) Ein berühmter Französischer Bildhauer.

DAS GLÜCK DES LEBENS.

Ihr, meiner Seele feurige Fünkchen, ihr
Geheimen Seufzer, fort! dem Olympe
zu!
Da wartet meiner, wenn Amata
Schon zu den Himmlischen heim-
gegangen.

Doch wenn sie hier noch athmet, und
Liebe mir
Bewahrt, dann kehret eilendes Flugs zu-
rück,
Belebet meine Seele wieder,
Eh mich die Barke des Charon
aufnimmt.

Ach!

Ach! unsre Freuden alle sind Eitelkeit!
Verdruß und Thorheit wohnen hienieden
nur!
Des Lebens süßten Irrthum nenn' ich,
Eine Geliebte voll Inbrunnst lieben.

Dieß ist die Eine schöne Bekümmerniß,
Die unsers Lebens Wermuth versüßen
kann.
Gestorben ist, wer nicht mehr liebet;
Ferne von Wonne, so wie von
Wehmuth!

AN DIE SCHREIBTAFEL.

(In ebendemselben Sylbenmaaſs.)

Vertraute meiner ſtillen Empfindungen,
Voll lieber Nahmen artiger Kinderchen:
   Mit einem Nahmen nun zu zieren,
      Welchen ich liebend zugleich ver-
ehre.

Du ſchönes Täflein, welches die Grazien
Aus einer Myrtenrinde verfertigten,
   Der ehmahls unter tauſend Thränen
      Venus den Nahmen Adonis ein-
ſchnitt.

Mit dieſem glatten Griffel, den Cypripor
Aus ſeinem feinſten Pfeile geſchmiedet hat,
   Verlöſch' ich jene liebe Nahmen,
      Meinen geliebteſten hinzuſetzen.

Bewahr den süßen Nahmen: Amalia,
Bewahr' ihn ewig! Er nur entzücket
mich.
Auf allen deinen Blättern zeig' ihn
Jeglichen Augenblick meinem Her-
zen.

AN ELVIRENS NAHMENSTAGE.
BEY ÜBERSENDUNG EINES KRANZES VON ROSEN UND LILIEN.

— ᴗ — ᴗ ᴗ —   — ᴗ ᴗ — ᴗ ᴗ
— ᴗ — ᴗ ᴗ —   — ᴗ ᴗ — ᴗ ᴗ
— ᴗ — ᴗ ᴗ — ᴗ
— ᴗ — ᴗ ᴗ — ᴗ ᴗ

Dieses schöne Geschenk kömmt dir aus
Amathus
Gärten. Venus befahl selber den Grazien:
„Machet eurer Elvire
„Heut den prächtigsten Bluhmen-
kranz.
„Ihre

„ Ihre Lilienbrust, Kinder! ihr rosichtes
„ Antlitz lehren euch schon, welche Schattirungen
„ Holder Farben ihr mischen,
„ Welche Bluhmen ihr wählen sollt.

„ Paphos, Amathus, Knid, feyern ihr Nahmensfest,
„ Wie das meine. Den Ruhm mancher Eroberung
„ Spröder Herzen verdank' ich
„ Ihren sittsamen Reizungen. "

AN SEINEN DIENER.

(Horazens acht und dreyſsigſte Ode des erſten Buchs.)

— ᴗ ᴗ — ᴗ — ᴗ — ᴗ — ᴗ
— ᴗ ᴗ — ᴗ — ᴗ — ᴗ — ᴗ
— ᴗ ᴗ — ᴗ — ᴗ — ᴗ — ᴗ
— ᴗ ᴗ — ᴗ

Perſiſchen Aufwand haſs' ich: mir miſs-
fallen
Kränze, mit feinem Lindenbaſt durch-
flochten.
Suche nicht mühſam, wo ſich noch die
ſpäte
Roſe verweile.

Auſser der Myrte haſt du nichts zu
bringen.
Wann ich in dichter Rebenlaube trinke,
Zieren dann Myrtenkränze meinen Scheitel
Minder, als deinen?

DIE LEBENSZEIT.

Die Zeit entflieht, wie dieser Bach,
Wie dieß Gewölk entflieht die Zeit.
Ein Thor sieht ihr mit Wehmuth nach;
Ein Weiser, der für heut,
Und nicht für morgen lebt,
Kann, eilet sie gleich mit den Winden,
Ihr doch, so sehr sie weiter strebt,
Die regen Flügel binden. —
Ist unser Leben nur ein kurzer Weg,
So laßt uns diesen kurzen Weg,
So lange wir ihn gehen,
Mit Rosen übersäen!

AUF EINEN UNGLÜCKLICHEN ARZT.

Die Wunder alter Zeit sind keine falsche
Sage;
Denn sie erneuern ihren Lauf:
Und unser Arzt Elpin thut alle Tage,
Was sonst nur Gott gethan, — thut Erd'
und Himmel auf.

DER SOMMER IM FLORENTINISCHEN.

Welch' entsetzliche Gluth! welch' immer
wachsende Hitze!
Bin ich den Schlössern Apolls hier, bin ich
dem Phlegethon nahe?
Oder fällt Phaeton wieder mit feurigen
Wagen und Pferden
Zwischen den Sternen herab, von ihren
Flammen ergriffen?

Alle

Alle Früchte der Ceres stehn halb geröstet, und prudeln,
Wie das werdende Brod im Feuergewölbe des Beckers.
Tellus Busen zerreisst, und röchelt entzündete Luft aus.
Deine feurigen Ström', o Sirius, zwingen den Arno,
Auf dem Bette von Rohr des trocknen Todes zu sterben.
Daß er Gott ist, errettet ihn nicht: sein Wasserkrug, völlig
Bis auf den Boden verraucht, wird bald sein Aschenkrug werden.

AMANDUS UND BASILIUS.

Als in einer Laube voll Frauenzimmer Iris im Fenster lag.

AMANDUS.

Komm, mein Lehrer, zu der Laube,
Die Jasmin und Rof' umirrt.
Sieh, der Venus jüngfte Taube
Flattert über ihr, und girrt.
Angenehmer ift im Bilde
Deines Miltons Laube nicht;
Angenehmer ift im Bilde
Nicht Hefperiens Gefilde,
Wo man goldne Früchte bricht.

BASILIUS.

Ach! vor diefer Zauberlaube,
Schöner Lehrling, fliehe du!
Dort wird man dem Schmerz zum Raube,
Kömmt dort um Verftand und Ruh.

Denn

Denn es spucken dort Gespenster,
Und der Iris bloſse Bruſt,
Weiſs und feurig, wie Gespenster,
Guckt, dem Unhold gleich, durchs Fenſter,
Und entflammt — zu ſüſser Luſt.

DAS KIND.

Vergieb dem guten Bienchen
Den Stich ins Mündlein, Minchen!
Es dient zu deinem Ruhme: —
Sie hielt's für eine Bluhme.

DER REISENDE VERSTAND.

Vor Zeiten reiste der Verstand,
Durch Pallas vom Olymp gesandt,
Nach Amathus, wo er die Königinn Cythere,
Den blinden Cypripor und viele Nymphen fand,
Bey denen er sehr gern geblieben wäre.
Er bot sich allen an, that artig und galant.
Wer mich zum Führer wählt, wird, sprach er, selten gleiten:
Warum? ich falle nie, und führ' ihn an der Hand.
Allein Cythere sprach: Es ist seit alten Zeiten
Frau Thorheit schon gewohnt, mein junges Volk zu leiten,
Besonders meinen Sohn, wenn er den Bogen spannt.

Die

Die abzuschaffen, macht zu viel Bedenk-
lichkeiten.
Drum kehr' Er immer nur, mein lieber
Herr Pedant,
Zurück ins werthe Vaterland
Zu der, die Ihn uns hergesandt;
Und lern' Er, was Ihm unbekannt:
Die Liebe leidet nicht Verstand.

AUF DEN THEMISTOKLES UND EPIKUR.

Heil dir, doppelt Geschlecht der Neo-
kliden! von euch hat
Einer von Knechtschaft sein Land, einer
von Thorheit befreyt.

AUF EINEN PREDIGER,

der sich zugleich als Arzt in seinem Kirchspiele gebrauchen liess.

Die Paul für Geld getödtet hat,
Bringt Paul für Geld zur Ruheſtatt.
O! lernt von Paulen, Groſs und Klein,
Auf mehr als Eine Art allein
Dem Vaterlande nützlich ſeyn!

AN DEN FABULLUS.

(Nach Katulls dreyzehntem Sinngedichte.)

Morgen ſollſt du, wie der Perſer König,
Mit der Götter Hülfe bey mir ſpeiſen:
Wohlverſtanden, wenn du deine Küche,
Deine leckre, wohlgeſpickte Küche,
Attiſch Salz, und Chierwein, und Scherze,
Und dein blondes Mädchen mit dir bringeſt.
Wie ein König ſollſt du bey mir ſpeiſen,

Wenn

Wenn du, sag' ich, alles mit dir bringst.
Denn, ach leider! deines Freundes Beutel,
Mein Fabullus, ist voll Spinneweben.
Doch statt dessen will ich dich mit Blicken
Voll Empfindungen der treusten Liebe,
Und mit schönern Sachen noch bedienen:
Denn ich will dir einen Balsam geben,
Den die Grazien und Amoretten
Meinem holden Mädchen einst verehrten,
Wen du diesen einmahl nur gerochen,
Wirst du Götter und Göttinnen bitten:
Macht, o macht mich doch zu lauter Nase!

AN DIE BIENEN,
DEN ESEL SILENS ZU BESTRAFEN.

Holde Bürgerinnen Hymettens,
Die das Recht vom Himmel empfangen,
Auf Parnaſſus heiligem Berge
Frey zu ſtreifen, munter zu ſammeln!
Zu den Waffen! Arkas iſt nahe,
Arkas, des verſoffnen Silenus
Ungeſchlachter Eſel, iſt nahe.
Hört ihr nicht ſein höckericht Schreyen?
Seht ihr nicht die haarigen Füſse,
Auf die zartgeſchriebenen Nahmen
Unbezwungener Könige treten? *)
Wie viel Schönheit freundlicher Bluhmen
Geht auf ſeinem Wege verloren!

        Seht,

---

*) Die, quibus in terris inſcripti nomina regum
  Naſcantur flores: et Phyllida ſolus habeto.
  Virg. ecl. 3.

Seht, er rizt mit neidischem Zahne
Die geliebten Bäume der Götter!
Eilt, o eilt! er rüstet sich wirklich,
Eure gelben Lager von Wachse,
Eure honigreichen Paläste
Unbarmherzig niederzuwerfen,
Und die häfslich runzlige Schnauze,
(Sonst gewohnt, nur stechende Disteln
Auf den Todtenäckern zu kosten,)
Tief in die Geschenke der Götter,
Tief in euren Nektar zu tauchen.
Zu den Waffen! Eilet geschwinde!
Zieht die allergiftigsten Pfeile
Aus der Scheid'! umzingelt den Erbfeind!
Stecht ihn unten, treffet ihn oben!
Bohrt ihm Augen, Lippen und Nase!
Bohrt ihm auch den Ehrgeiz der Ohren!
Macht sein faules Leder zum Siebe!
Bis er, als ein blutiges Opfer,
Vor der Thür des heiligen Tempels

Der

Der verhöhnten Grazien falle;
Oder sich, voll Wunden, entschliesse,
Zur gewohnten Peitsche des Müllers,
Und zum Kappzaum wiederzukehren.

JULIA.

Wer Julien von Liebe schwatzen will,
Der schwatze fein und artig, oder schweige;
Denn ihr Verstand ist wunderbar subtil.
Käm' Ninon, käm' die Königinn vom Nil;
Sie lehrten sie von Artigkeit nicht viel.
Sie führte wohl, Cythere sey mein Zeuge!
Nur mir getreu, durch holde Bluhmensteige
Mit Höflichkeit den Amor selbst April.
Drum Grazien, geht, sagt dem Tanaquil:
Wenn er mit ihr von Liebe schwatzen will,
So schwatz' er fein und artig, oder schweige!

ORPHEUS.

Orpheus stieg mit seiner Leyer in das
Schattenreich hiernieder;
Ihn begleitete die Sehnsucht und die Thor-
heit und das Glück.
Alles lauschte, da er spielte. Tityus und
seine Brüder
Lächelten, und ihre Qualen ruhten einen
Augenblick.
Pluto hört ihn, und bewundert seine Lieb'
und seine Lieder,
Jene seines Eigensinnes, die der Musen
Meisterstück.
Jene würdig zu bestrafen, giebt er ihm
die Schöne wieder;
Diese würdig zu belohnen, nimmt er sie
sogleich zurück.

DIE URSACHE DES WORTREICHEN DANKS.

Ich brachte Chloen einen Korb
Voll früher Bluhmen mancher Sorten:
Sie lächelte, sie nahm den Korb,
Und dankte mir recht süfs, allein mit vielen Worten.
Die grofse Höflichkeit kam mir verdächtig vor.
Ich trat ihr näher an das Ohr,
Und zischelte: Wie? Chloe! dankst du mir so lange,
Weil du mich nicht mehr liebst?
Sie lacht' und sagte: Nein! ich danke dir so lange,
Weil ich dich nie geliebt.

AN DIE LAURA.

Der schwüle Tag hat sich verloren,
Die Nacht ist hier:
O Laura! was dein Mund geschworen,
Das halte mir.

Sieh jenes Dach von Rebenblättern,
Wo niemand lauscht,
Wo du mit mir, vor allen Göttern,
Dein Herz vertauscht.

In diese Laube laſs uns schleichen,
Die Venus schüzt,
Auf der (für uns zum guten Zeichen!)
Ihr Vogel sizt.

Dann blicke Luna nach uns beiden
Von ihrem Thron,
Und seufze bey so vielen Freuden:
Endymion!

AN CELSA.

Diese veilchenvolle Schaale
Bring' ich aus des Pindus Thale:
Celsa, nimm sie gütig an,
Bis ich, wachsen mir die Flügel,
Von dem zweygespaltnen Hügel *)
Amaranten hohlen kann.

Vesta, Ceres, Aphrodite
Nahmen oft mit gleicher Güte
Einen Strauß von Majoran,
Oder Rosen oder Myrten,
Aus den Händen armer Hirten
Statt der Hekatomben an.

---

*) Der Berg Parnassus, welcher zwey hohe Gipfel hatte, heißt der zweygespaltene oder zweyköpfige.

DIE TRENNUNG.

Als ich an der Arne Wiefe
Geftern, da der Nachtthau troff;
Dich verliefs, fogleich, Cephife;
Trennete fich Amors Hof.
Die fchalkhaften Fröhlichkeiten;
Lachen, Scherz, Zufriedenheit
Blieben dir allein zur Seiten,
Dein gewöhnliches Geleit!
Unterdeffen Sehnfucht, Schmerzen;
Liebeswuth, und Liebeshohn
Mit mir heim nach Haufe flohn;
Wo fie nun in meinem Herzen
Niften, und zu bleiben drohn.

AN EIN JUNGES FRAUENZIMMER.

Bey Übersendung eines Körbchens mit Bluhmen.

Oft liegt ein Schlängelchen mit Lilien bedeckt,
Oft unter Rosen tief versteckt.
Die lieben Blühmchen hier bedecken
Dergleichen keines. Sie verstecken
Ein angenehmes kleines Kind,
Zart, wie im Liede meines Griechen
Die jungen Amoretten sind,
Wenn sie der zarten Schal' entkriechen; *)
Ein allerliebstes Kind, fein, zärtlich, sittsamlich,
Das dir nur lebt, auch nur durch dich
Sein Leben hat; das selbst verachtet
Im Schatten der Verborgenheit
       Dich

---

*) Anakr. Ode 33.

www.ingramcontent.com/pod-product-compliance
Lightning Source LLC
Chambersburg PA
CBHW031744230426
43669CB00007B/468